शिखर का शंखनाद

मंद हुआ जब कोलाहल, गूंजे मन में शब्द अधीर

A POETRY COLLECTION BY

रूपेश पाण्डेय 'रूपक'

मेरी पुस्तक '**शिखर का शंखनाद**' को चुनने के लिए हार्दिक आभार,
मुझसे सोशल मीडिया के माध्यम से जुड़िये,
आप मुझे **writerrupak@gmail.com** पर ईमेल भी भेज सकते हैं।

समर्पण

कण-कण क्षण-क्षण
है जिसका ऋण
हर क्षण कुछ दे देती माँ
उच्च भेंट, या तुच्छ भेंट
सब अश्रु धार से लेती माँ,
पल-प्रतिपल परिवर्तित जग में
आज भी कल के जैसी माँ।

कुछ भावों और रिश्तों का सौंदर्य उनके अवर्णनीय रहने में ही है, माँ के बारे में कहने को तो इतना है कि पूरी पुस्तक कम पड़ जाये, प्रथम स्पंदन से, प्रथम मुस्कान तक, प्रथम अक्षर से प्रथम शब्द, प्रथम वाक्य, और प्रथम काव्य तक, प्रथम चरण से प्रथम पलायन तक, पहले दिन से उस आकस्मिक, अनपेक्षित अंतिम दिवस तक, सिर्फ सिखाती ही गयी तुम, और एक दिन अचानक ही संसार के चक्रव्यूह में अभिमन्यु की भांति छोड़ गई, भव-भय की भयानक घुड़दौड़ में तुमने मात्र शीतलता ही दी, जब सबने कसौटी पर कसा तुमने तब भी सिर्फ स्नेह और आत्मविश्वास ही दिया।

मेरे स्कूल की पहली किताब में हिंदी अखबार की जिल्द चढ़ाते वक़्त भी तुम वैसी ही खुश थीं जैसी शायद आज मेरी पहली पुस्तक के प्रकाशन पर होतीं। तुमने कभी लक्ष्य नहीं दिया सिर्फ सामर्थ्य दिया, पंख दिए और अपने हिस्से की थोड़ी सी आज़ादी से बचाकर कुछ हमें बाँट दी।

पिछले साल की उस भयानक स्याह डरावनी रात से पहले की हर याद के लिए ऋणी हूँ, ऐसा लगता है जैसे आँखों पर पट्टी बांधकर लगातार घुमाकर किसी अनजाने शहर में मुझे छोड़ दिया गया है, बिना गूगल मैप के रास्ता तलाशना है, और यह भी नहीं पता कि जाना कहाँ है, तुम होती तो हर रास्ता घूम फिरकर तुम तक ही पहुंचता, अब तुम्हारी तरह यात्रा का आनंद लेना सीखना है, मंज़िल से सरोकार नहीं हम सफर में हैं।

आज स्कूल में पढ़ी रामावतार त्यागी जी की कविता की पंक्तियाँ स्वतः ही याद आ रही हैं:

माँ तुम्हारा ऋण बहुत है, मैं अकिंचन...

कोरोना की दूसरी लहर में, हमें जीवन की लहर में छोड़ गयी

पूज्य माँ स्व. श्रीमती प्रेमलता पाण्डेय को समर्पित।

अनुक्रमणिका

अब तक छप्पन

अनुक्रमणिका

अनुक्रमणिका

किस्से टूटी कटोरियों के

कितनी बातें कहने को हैं:

पहला क़दम सबसे मुश्किल होता है, सौ पृष्ठों से अधिक की पुस्तक लिखे हफ्तों हो गये, सोच रखा था वर्षो का स्वप्न है प्रस्तावना ऐसी लिखूंगा कि कमाल ही हो जाएगा, कई पहलुओं पर विचार किया, भाषा कैसी हो? भाव क्या रखूँ ? पीयूष मिश्रा की तरह हल्का-फुल्का व्यंग्य लिख दूँ या शिवाजी सावंत जी की तरह गहन विश्लेषण लिख दूँ ?
कौन पढ़ेगा? कैसे पढ़ेगा? क्या सोचेगा? किसी को पड़ी क्या है जो कविता पढ़े ? आज के ज़माने में ऐसी हिंदी किसको समझ आएगी ? प्रश्न ,प्रश्न, प्रश्न और अकर्मण्यता का शून्य !

Content से नाता कोई नया नहीं, मार्केटिंग प्रोफेशन से जुड़ा हूँ तो पढ़ने वाले की नब्ज़ को समझकर सन्देश लिखने की कुछ तकनीक पता भी हैं, लेकिन अपने को डेढ़ सयाना समझने वाले ब्रांड मैनेजर का युग अब समाप्त हो रहा है, पाठक या दर्शक क्या पसंद करेंगे किसी को अंदाज़ा नहीं, वो 'कच्चा बादाम' को भी हिट कर सकते हैं और 'बचपन का प्यार' को भी, यहां दीगर यह है कि ऐसी अप्रत्याशित सफलता उन्हें ही मिली जिन्होंने कोई तकनीक नही लगाई, बस जो करने में आनंद आया वह किया, इसलिए मैंने भी व्यर्थ के पूर्वाभासों को दरकिनार कर वही करने का निर्णय लिया जो करने में आनंद आया, याद करने बैठा तो सारी खट्टी-मीठी यादें तो रचनात्मकता से ही जुड़ी हुई थी, तो क्यों न अपने कुछ किस्से ही बाँट दिए जायें प्रस्तावना में।

कटोरी काँच की:

एक दिन पिताजी हमारे पुराने रिकाड्र्स लेकर बैठ गए, स्कूल की अंकसूची, अखबारों की कतरन जिसमें मेरे किशोरावस्था में छपे लेख और कवितायेँ थीं, और कुछ प्रमाण-पत्र, तभी बिटिया ने प्रश्न पूछ लिया "दादाजी, पापा का sports का कोई certificate नहीं है क्या?" और पिताजी सुनाने लग गए मेरे बचपन का किस्सा "अरे स्पोर्ट्स में इसकी रूचि ही नहीं थी, एक बार जब सभी बच्चों को कोई न कोई पुरस्कार मिला तो इसने घर आकर बोल दिया: "**पापा फर्स्ट प्राइज़ तो मुझे ही मिला था, बड़ी सुंदर कांच की कटोरी थी, पर रास्ते में गिर कर टूट गयी।** " बिटिया यह कहानी सुनकर हंसने लगी

यह किस्सा माँ अक्सर सुनाकर हँसा करती थी, पिताजी ने भी न जाने कितनी बार सुनाया होगा, उस दिन यदि मुझे सच में पुरस्कार में कांच की कटोरी मिल गयी होती तो यह किस्सा न बना होता। सोचने बैठा कि ऐसा क्या-क्या है मेरी अब तक की ज़िन्दगी में जो किसी को सुना सकूं, और पता लगा कि बहुत सा वक़्त उस कांच की कटोरी को पाने और सहेजने में ही लगा दिया, यहां कटोरी का मतलब है '**पाने की लालसा**', इस पुस्तक की ही एक कविता में मैंने लिखा है:

किया हासिल तो फिर क्यों,सिलवटें क़ायम हैं माथे पे,
समाते हाथ में कुछ ही, खुशी गिर जाती लाते में।

अपराध बोध:

मिश्रा मैडम का चेहरा याद आ गया, दोपहर का उमस भरा दिन था, छज्जे की बीम से टंगा अधमरा पंखा जब कराहता तो लगता कि अब गिरा या तब गिरा, मैं उस वक़्त पांचवी कक्षा में था, अंग्रेजी की क्लास चल रही थी, मैडम ग्रामर पढ़ा रहीं थीं, घूमते-घूमते वो मेरे पास आकर रुक गयी, '**What is pronoun?**' इस अप्रत्याशित प्रश्न से मैं सकपका गया!

हमारी शिक्षा पद्धति में रटने का सबसे अधिक महत्त्व है, और परिभाषा मुझे याद नहीं थी, हाँ! उदाहरण पूछती तो मैं बता सकता था कि भाषण में नेता अपने सारे विरोधियों को 'He/She or They ' कहकर ही बुलाते हैं, pronoun में बुलाने से मानहानि के मुकदमे से बचा जा सकता है, जिससे निजी अर्थव्यवस्था भी मज़बूत रहती है, शरीर को भी मार से बचाया जा सकता है, इसलिए अंग्रेजी के इस एक व्याकरण प्रयोग से गणित, भूगोल, जीव-विज्ञान और विधि-शास्त्र भी जुड़े हुए हैं.... वापस आते हैं मिश्रा मैडम के प्रश्न पर, मैं उत्तर नहीं दे पाया तो उन्होंने मेरी नोटबुक उठा ली, उलट-पलटकर देखा, english की notebook में हिंदी की एक कविता लिखी हुई थी, व्यंग्यपूर्ण विजयी मुस्कान के साथ मैडम ने क्लास में सबसे आगे खड़ा कर दिया, और बोला "**ज़ोर-ज़ोर से पढ़कर यह कविता सबको सुनाओ**"।

डर के मारे वैसे ही हालत पतली थी, ऊपर से सबके सामने खड़े होकर बोलने में तो हाथ-पैर ही कांपने लगे, कोई उपाय न सूझा तो रोना शुरू कर दिया, उस दिन कविता बोलने से तो बच गया लेकिन मैडम का वो तंज याद रह गया "**पिताजी सोचते होंगे बच्चे को डॉक्टर या इंजीनियर बनाएंगे और पता लगा की लड़का बड़ा होकर कवि बन गया**"।

उस दिन शर्म सी महसूस हुई, ऐसा लगा की शायद कुछ गलत काम कर दिया कविता लिखकर, लेकिन जैसे बहता पानी, और ज़िद्दी पीपल का पौधा विपरीत परस्थिति में भी रास्ता बना ही लेता है, वैसे छुपकर कभी-कभी लिखता रहा, हाँ मज़ाक न उड़े इसलिए किसी को बताया नहीं।

किसने रुपक नाम दिया था ?

मिश्रा मैडम वाली घटना के पांच साल बाद की बात है, शायद कक्षा दसवी, हिंदी विषय पढ़ाया जा रहा था, उस दिन हिंदी की कक्षा में महान कवि गोपालप्रसाद व्यास जी की कालजयी रचना '**खूनी हस्ताक्षर**' पढ़ाई जानी थी;

हिंदी के शिक्षक जिन्हें हम आचार्य जी कहकर बुलाते थे उन्होंने कहा कि कविता का एक-एक पद्य एक-एक विद्यार्थी पढ़ेगा और फिर मैं उसका भावार्थ बताऊंगा, यह कविता मैं कई बार पढ़ चुका था, सबसे पहले मैं ही खड़ा हुआ और ओजपूर्ण प्रवाह में पूरी कविता पढ़ता चला गया, न आचार्यजी ने रोका, न मैं रुका, यह कविता पढ़ते-पढ़ते सदैव कंठ अवरुद्ध हो जाता था, बरबस ही आंसू निकल आते थे:

आज़ादी के चरणें में जो, जयमाल चढ़ाई जाएगी।
वह सुनो, तुम्हारे शीशों के फूलों से गूँथी जाएगी।
आजादी का संग्राम कहीं, पैसे पर खेला जाता है?
यह शीश कटाने का सौदा, नंगे सर झेला जाता है"
यूँ कहते-कहते वक्ता की, आंखों में खून उतर आया!
मुख रक्त-वर्ण हो दमक उठा, दमकी उनकी रक्तिम काया!

पढ़कर रुका तो आचार्यजी उठकर मेरे पास आये, मुझसे कहा कि "स्कूल के बाद मुझे मिलो।" उनसे मिलने गया तो उन्होंने दूसरे शिक्षकों के सामने प्रशंसा करना शुरू कर दी, यह सोचकर कि मेरी कविताओं में रूचि है उसी सप्ताह होने वाले एक कवि सम्मलेन में मुझे बुला लिया, मैंने सकुचाते हुए पूछा "आचार्यजी ! मैं भी कविता लिखता हूँ, क्या मुझे भी सुनाने का अवसर मिल सकता है ?" उन्होंने कहा कि सम्मलेन में बड़े-बड़े और प्रसिद्ध कवि आ रहे हैं, लेकिन मैं प्रयास करूंगा कि कार्यक्रम शुरू होने से पहले तुम्हें अवसर दूँ।
बसंत पंचमी का अवसर था, खादी का कुर्ता पहनकर और मध्यप्रदेश शासन की पुरानी डायरी जो हर नए साल हमें उपहार स्वरुप पिताजी दे दिया करते थे, उस पर कविता संग्रह बना रखा था, कभी दैनिक-भास्कर में कुछ छप जाता तो उस कटिंग को भी हस्त-लिखित कविता के ऊपर डायरी में ही चस्पा कर लेता था, इन सब तैयारियों के साथ मैं उत्साह से अपने पहले कवि-सम्मेलन में पहुँच गया; सारे अतिथि कवि आये नहीं थे, और श्रोता अधीर हो रहे थे, आचार्यजी ने अचानक से मेरा नाम मंच पर पुकार लिया "**हमारे विद्यालय के नवोदित किशोर कवि रुपेश अपनी एक कविता प्रस्तुत करेंगे।**" अचानक आयी इस उद्घोषणा से थोड़ा सहमा किन्तु फिर मंच पर जाकर आत्मविश्वास से कविता-पाठ शुरू किया, भारत की स्वतंत्रता की स्वर्ण जयंती पर लिखी कविता सुनायी:

थे स्वतंत्र, परतंत्र तंत्र का दास्य भाव न सताता था,
उदितमान सूरज सम मस्तक ऊंचा उठता जाता था...

कविता-पाठ के बीच में ही सभी प्रमुख कवि भी आ चुके थे, और प्रतिसाद बहुत अच्छा रहा, सबने मुक्त कंठ से प्रशंसा की तो मैनें अकविता विधा की अपनी एक और कविता 'शर्ट का बटन' भी सुनाई।

अगले दिन आचार्यजी ने बुलाकर खूब शाबासी दी, और उन्होंने ही मुझे मेरा कवि नाम **'रूपक'** दिया जिसे आज तक आशीर्वाद स्वरुप अपना रखा है, आचार्यजी का नाम है: **'राम वृक्ष सिंह'**, उनसे स्कूल के बाद कभी भेंट नही हुई किन्तु उनका दिया नाम आज भी मेरे साथ है।

इन दो किस्सों से जीवन की दो अलग-अलग दिशाएं तय हुई, जहां मिश्रा मैडम ने कविता लिखने पर उलाहना दी तो रामवृक्ष आचार्य जी ने प्रोत्साहन, किसी को सही या गलत नही कहूंगा, क्योंकि भविष्य में engineering भी की और देर से ही सही कविता से भी जुड़ाव बनाकर रखा।

इस कवि सम्मेलन के बाद रचनाधर्मिता पर तेज़ी से काम किया, इस पुस्तक की प्रतिनिधि रचना **'शिखर का शंखनाद'** भी सत्रह वर्ष की आयु में ही लिखी थी, फिर इंजिनयरिंग की प्रवेश परीक्षा और बारहवीं की पढ़ाई का दवाब इतना था कि लिखने पर कम ही ध्यान दे पाया, लेकिन कांच की कटोरियाँ बटोरने के इस क्रम में अगला किस्सा भी कविता से ही जुड़ा हुआ है।

थर्ड बटन लिटरेचरः

हमें एक अँधेरे कमरे में खड़ा किया गया था, कोई under-construction site थी, हमारी पहली रैगिंग का दिन, सीनियर्स ने थर्ड बटन कर रखा था (सर झुकाकर अपनी शर्ट का तीसरा बटन देखना), जिन्हें रैगिंग का अनुभव होगा वह जानते होंगे कि कैसे ऊटपटाँग प्रश्न पूछे जाते हैं ताकि जवाब न दे सको और थप्पड़ खाना पड़े, मेरे भी गाल लाल हो चुके थे,तभी किसी सीनियर ने हॉबी पूछ ली, इतनी मार खाने के बाद भी अक्ल नहीं आयी थी और फिर मैंने अपने पैर पे कुल्हाड़ी मार ली यह बोलकर कि मुझे कविताएं लिखने का शौक है। फिर क्या था, कोई मुशायरा तो जमने से रहा, पता था कि अगला चैलेंज और खतरनाक होगा, एक सीनियर ने मुझे एक अटपटा सा विषय दिया और उस पर दस मिनट में कविता लिखने को कहा, मरता क्या न करता, कविता लिखकर सुना दी, विषय क्या था वह यहां नही बताऊंगा बस यह समझ लीजिये कि एक ओर सीनयर उस कविता को पढ़कर हँस-हँस कर वाह किये जा रहे थे और मेरी आंखों में आंसू गिरते जा रहे थे, चेहरा सुर्ख लाल हो रहा था, कुछ गुस्से, कुछ शर्म और कुछ भय से, मेरी ऐसी हालत देखकर उन्होंने पास बुलाया, पूछने पर मैंने बताया कि ऐसे विषय पर लिखना मेरी कला का अपमान है, सीनियर ने माफ़ी मांगी, बाद में चार साल हम बड़े और छोटे भाई की तरह रहे।

कविता लेखन के कारण ही कॉलेज के अधिकांश समारोहों में मंच संचालन करने को मिला, इसी बीच दो नाटिकाएं भी लिखी, अभिनय भी किया, और सारी सुनहरी यादें ईश्वर-प्रदत्त इस नैसर्गिक प्रतिभा के कारण ही जीने को मिली। कुछ प्रिय कवितायेँ जैसे **'सूरज नही डूबने दूंगा'** **'जीवन भर के मित्र'** **'बचपन'** सभी इसी कालखंड में लिखी।

इंजिनयरिंग समाप्त होते ही आगे भविष्य बनाने की तैयारी में लग गया और मुंबई से प्रबंधन में स्नातकोत्तर करने चला गया, कविता से जुड़ा अगला दुखद किस्सा भी तभी का है।

अल्प विरामः

हम पांच सहपाठी मुंबई के एक फ्लैट में रहते थे, और सभी लगभग पहली बार ही अपने घर से इतना दूर पढ़ने के लिए आये थे, अक्सर घर की याद आती तो भाग जाने का मन करता, दोस्ती ऐसी हो गयी थी कि मित्रों का परिवार अपना परिवार बन गया था। एक बार एक मित्र के माता-पिता की शादी की सालगिरह थी, उसने उन्हें कुछ अलग सा तोहफा भेजने का सोचा, उसने बहुत बड़ा सा ग्रीटिंग कार्ड लिया, और मुझसे अपने माता-पिता के लिए एक कविता लिखने का आग्रह किया, मैनें शौक से कविता लिख दी, क्या लिखा था यह तो याद नही, किन्तु उसने यह ज़रूर कहा था कि उसके पेरेंट्स को कविता बहुत पसंद आयी, दुर्भाग्य से यह उनकी अंतिम सालगिरह थी, उसी साल एक सड़क दुर्घटना में आंटी का स्वर्गवास हो गया, लिखने से मन उचट गया तो कुछ साल तक नहीं लिखा।

फिर कांच की कटोरियों की चाह बढ़ने लगी, नौकरी लगी और बेंगलुरु आ गया, हर दिन कॉर्पोरेट जगत की माथा-पच्ची देर रात तक काम, और बैचलर्स का अकेलेपन वाला जीवन, तन्हाई में अपने आप ही जीवन दर्शन की कविताए बनने लगी, उस समय की अधिकांश कविताओं में वही भाव मिलेंगे, **'क्रोध', 'मैं क्या हूँ' 'उनका रुधिर उबलता होगा' 'क्यों इतने बेचारे हम'**; अगला किस्सा उसी समय का।

मैं क्या हूँः

वैसे यह किस्सा कम और confession अधिक है, मेरे बड़े भाई और मार्गदर्शक की तरह रहे सीनियर आशीष सर ने एक बार मुझे बताया कि वह मेरी कविता 'मैं क्या हूँ' का प्रिंट निकालकर wallet में रखा करते थे, और उससे उन्हें प्रेरणा मिलती थी, यह किस्सा मैं सोशल मिडिया में पहले भी बता चुका हूँ, सुनकर उत्साह बढ़ा कि एकांत में खुद से की गयी बातें भी कभी किसी और के जीवन में भी असर डाल देती हैं।

नव आशा नवनीतः

एकाकीपन के तीन वर्ष के बाद जीवन में नव-बसंत का आगमन हुआ, ईश्वर का संयोग रहा कि जीवन संगिनी भी कवियत्री ही निकली, इसलिए आगे एक संबल मिला कि भविष्य में यदि लेखक ही बनने का मन बनाया तो पागल समझकर शायद घर से न निकाला जाऊँ, उससे अधिक सहयोग यह रहा कि कोई एक तो सुनने वाली मिली जो बचकर भाग नहीं सकती, इस पुस्तक की proof-reading, शोधन, संशोधन इत्यादि उनसे ही करवाया है, इसलिए जो अच्छा लिखा उसका श्रेय मुझे, और जहां वर्तनी दोष मिले उसका दोष उन्हें देने में कोई संकोच नही करियेगा।

कविता में रोमांच और प्रेम के भाव भी शामिल होने लगे, किन्तु साथ ही जिम्मेदारी बढ़ रही थी इसलिए लेखन में लंबा विराम लग गया...

सात-आठ वर्ष के रचना विरक्त जीवन में फिरसे कला के अंकुर तब फूटे जब इस शताब्दी की सबसे बड़ी महामारी के कारण अकल्पनीय lockdown लग गया, शुरुआत हुई पढ़ने से, अतिरिक्त समय मिला तो हिंदी साहित्य पढ़ने में खप गया, जितना पढता उतनी लालसा और बढ़ती जाती, प्रेमचंद जी को तो पूरा ही पढ़ लिया, फिर आचार्य चतुरसेन शास्त्री, भगवती चरण वर्मा, नरेंद्र कोहली, शिवाजी सावंत, साथ ही साथ बहुत सी कालजयी विदेशी पुस्तकों का भी अनुवाद पढ़ा और हिंदी के सभी मूर्धन्य कविओं को भी पढ़ना शुरू किया: निराला जी, पंत जी, दिनकर जी, नागार्जुन जी, नीरज जी, दुष्यंत कुमार सूची बनती ही जाएगी, हर दिन पढ़कर लगता कि कितना समय व्यर्थ गँवा दिया सिनेमा, सोशल मीडिया और टीवी में, कितना कुछ पढ़ने को है, सिर्फ हिंदी साहित्य ही पढ़ा जाए तो सौ जीवन कम पड़ जाएँ, पढ़ने से लिखने में भी असर पड़ा और इस बीच नए प्रकार से लिखा **'बोलो क्या पहचान तुम्हारी' 'एक दिन सब मर ही जायेंगे' 'प्यास बुझे न'** जैसी रचनायें हाल ही में लिखी गयी हैं।

उपसंहार:

किस्से कहते-कहते प्रस्तावना का उपसंहार लिखने का समय आ गया,किसी भी रचनाकार की कृति सिर्फ उसकी नहीं होती, वह मात्र एक माध्यम होता है, समाज न होता, लोग न होते, अलग-अलग भाव न होते, तो उन्माद, प्रेम, विषाद , वात्सल्य, क्रोध, जुगुप्सा यह सब कहाँ से होता ? इसलिए मेरे जीवन में जिसने मुझसे एक क्षण के लिए भी संपर्क किया, वह हर व्यक्ति, वातावरण, स्थान और स्मृति कहीं न कहीं किसी न किसी कविता में बसी हैं, इसलिए आगे आप जो भी पढ़ेंगे वो आप ही हैं, मैंने मात्र उसे शब्दों में पिरो दिया।

जीवन पर्यन्त मिले लाखों लोगों के नाम तो यहां लिख नही सकता, किन्तु फिर भी कुछ का विशेष आभारी और कृतज्ञ हूँ, विशेष रूप से उनका जिन्होंने लिखने के लिए प्रोत्साहित किया, और मुझ पर मुझसे अधिक विश्वास दिखाया, **आभार-पत्र पुस्तक के अंत में दिया गया है**, किसी का नाम त्रुटिवश रह जाए तो क्षमा-प्रार्थी हूं।

माँ और पिताजी को क्या आभार दूँ, इतना तो सामर्थ्य नही हैं, पिताजी से इतना संकोच रहता है कि उनके लिए लिखी कविता भी उन्हें कभी पढ़ाई नहीं, इस पुस्तक की तीसरी कविता **'हाँ, हम्म ,अच्छा,ख़ामोशी'** उन्हें ही समर्पित है। बड़ी बहन ने ज़ोर देकर न कहा होता तो शायद फेसबुक पर कवितायेँ डालकर ही खुश हो लेता, ऊँचे सपने देखने में नीचे ज़ोर से गिरने का डर भी बना रहता है, लेकिन अब एक छोटी छलांग लगा ली है तो उनके आशीर्वाद से शायद कुछ अच्छा ही हो जाए।

तीन महीने से जब इस पुस्तक के काम में जुटा तो कई weekends बच्चों के साथ समय नहीं बिता पाया, इसलिए उनके साथ एक लंबा अवकाश भी बनता है, जहां अब कई हिंदी पुस्तकों के साथ 'शिखर का शंखनाद' भी बैग में साथ चलेगी, उस छुट्टी का ज़िक्र अगली पुस्तक में (यदि संभव हो पायी तो)...

बीता समय याद करते हुए जो याद आया वह सब कविता और रचनात्मकता से ही जुड़ा हुआ है, कभी-कभी किसी की यूं ही कही बात दिमाग में रह जाती है, कॉलेज में एक बार किसी ने कहा था "रुपेश तुम अच्छा लिखते हो, कभी लिखना मत छोड़ना, आजीविका के लिए तुम जो भी करोगे वह तुम्हें ख़ुशी नहीं देगा, तुम्हारी पहचान कलम से ही होगी।" सच ही कहा था, पता है कि देर कर दी है, लेकिन देर आये दुरुस्त आये।

भंगुर काया मिट जाएगी,
अगले क्षण का नहीं भरोसा,
कब आ जाये काल निमंत्रण,
भवन भंग भावी स्वप्नों का।
नहीं मिटेगा किन्तु शब्द जो,
भर भावों से गया उकेरा,
ज्ञान रहेगा,सीख रहेगी
रहे न रहे शब्द चितेरा।

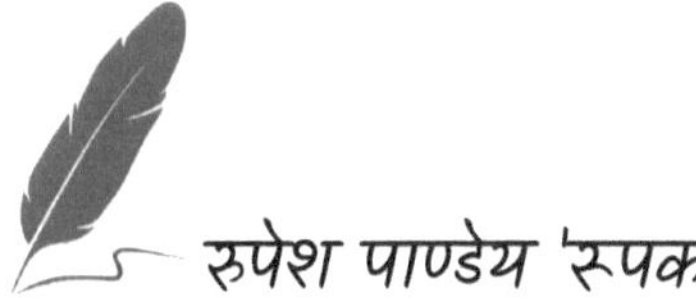

सबके कृष्ण-कन्हैया

बालमुकुंद, मदन, मधुसूदन, पार लगाते नैया,
जिसके मन जैसे भाये, वैसे कृष्ण कन्हैया।

बिछड़े हुए देवकीनंदन,
या बिगड़े लाल यशोदा,
रसिया ग्वाल गोपियों के,
या गीता ज्ञान पुरोधा,
सृष्टि के आदि-अनंत,
भवसागर के खेवईया,
जिसके मन जैसे भाये,
वैसे कृष्ण कन्हैया।

स्वयं सजाएं मंच दिखाएं
भाँति-भाँति की लीला,
नवरस बरबस खेलें सब,
कभी चोटिल कभी चुटीला,
भाव करें जब घाव,
तो भरते खुद ही मुरली बजैया,
जिसके मन जैसे भाये,
वैसे कृष्ण कन्हैया।

जीवन जिनका सतत प्रेरणा,
हर किरदार प्रवीण,
नटखट, प्रेमी, राजा, योगी,
सब उत्तम सब उत्तीर्ण,
काम, क्रोध, न लोभ मोह,
सब जन सम भाव दिखैया,
जिसके मन जैसे भाये,
वैसे कृष्ण कन्हैया।

धर्म, अर्थ, काम, मोक्ष हैं,
भवसागर के द्वार,
कर्म, साधना, भक्ति मार्ग से
होते हैं यह पार
'रूपक' चातक चंद्र प्रभु ,
मीरा-कण्ठ बसैया,
जिसके मन जैसे भाये,
वैसे कृष्ण कन्हैया।

आज भी कल के जैसी माँ

जीवन पथ की मृगतृष्णा में,
तरुवर छाया जैसी माँ,
पल-प्रतिपल परिवर्तित जग में
आज भी कल के जैसी माँ।

कण-कण क्षण-क्षण है जिसका ऋण
हर क्षण कुछ दे देती माँ
उच्च भेंट, या तुच्छ भेंट
सब अश्रु धार से लेती माँ,
पल-प्रतिपल परिवर्तित जग में
आज भी कल के जैसी माँ।

भव-भय की घुड़दौड़ भयानक,
आशाओं का शोर जहाँ,
जीत-हार से परे, पुरस्कृत
हरदम ही कर देती माँ,
पल-प्रतिपल परिवर्तित जग में
आज भी कल के जैसी माँ।

क्रोध, कपट, कटुता, कलुषित मन
सब आँखों से पढ़ लेती,
आँचल में अंगार समेटे
शीतलता ही देती माँ,
सुत या सुता, निकट या जुदा,
वत्सल स्नेह से बहती माँ,
पल-प्रतिपल परिवर्तित जग में
आज भी कल के जैसी माँ।

दिवस हैं द्योतक, स्मृतियों के,
कब मनस से विस्मृत होती माँ,
पूज्य हैं भगिनी, बनिता, पुत्री,
बनती एक दिन वो भी माँ,
पल-प्रतिपल परिवर्तित जग में
आज भी कल के जैसी माँ।

'रूपक' मातृ दिवस में नत, तुम काश यहां पर होती माँ
जीवन पथ की मृगतृष्णा में, तरुवर छाया जैसी माँ,
पल-प्रतिपल परिवर्तित जग में, आज भी कल के जैसी माँ।

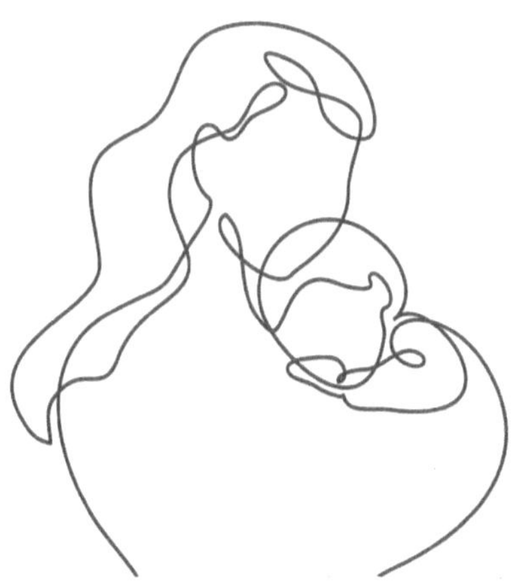

हाँ' 'हम्म' 'अच्छा' 'ख़ामोशी'।

कम शब्दों की, संकेतो की, जीवन-दर्शन की पोथी,
हर अनुभव का सार समेटे, 'हाँ' 'हम्म' 'अच्छा' 'ख़ामोशी'।

जो रिश्ता माटी-कुम्हार का,
कुशल वैद्य का रोगी से,
अभ्यासों का जो धावक से,
और साधक का योगी से;
भोगी को विलास की जब भी
अंधी आसक्ति होती,
उचित मार्ग पर त्वरित पटकती,
'हाँ' 'हम्म' 'अच्छा' 'ख़ामोशी'।

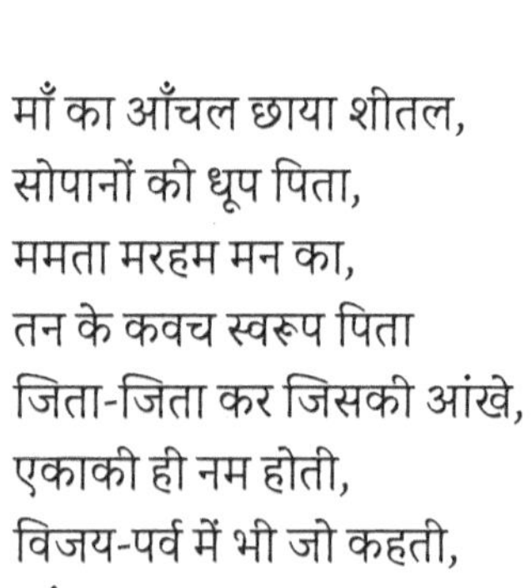

माँ का आँचल छाया शीतल,
सोपानों की धूप पिता,
ममता मरहम मन का,
तन के कवच स्वरूप पिता
जिता-जिता कर जिसकी आंखे,
एकाकी ही नम होती,
विजय-पर्व में भी जो कहती,
'हाँ' 'हम्म' 'अच्छा' 'ख़ामोशी'।

माँ की सुध हर क्षण में होती,
और पिता की उलझन में,
यौवन का विद्रोही समझे
उनको ढलते यौवन में
जीवन के बढ़ते-बढ़ते,
बढ़ती जिसके तप की ज्योति,
शब्दकोश में ढल जाती फिर,
'हाँ' 'हम्म' 'अच्छा' 'ख़ामोशी'।

सरल हिमालय चढ़ जाना,
मन-मेरु चढ़ना बहुत कठिन,
संबोधन सहस्त्र से करना,
पिता से करना बहुत कठिन,
तुहिन कणों को दिनकर से
मिलकर जो अनुभूति होती,
'रूपक' मौन हो तो पढ़ लेना,
'हाँ' 'हम्म' 'अच्छा' 'ख़ामोशी'।

मैं क्या हूँ?

मंद हुआ कोलाहल, हलाहल मन में भर बैठा हूँ,
जो समक्ष, वो है सक्षम,वो ही उत्तम, तो मैं क्या हूँ?।

चढ आया अब तो सूरज सर,
परछाई तक छोटी है,
अब तक तो थी कानाफूसी,
प्रखर बात अब होती है,
हर करतल,हर नज़र पूछती,
मैं उसका क्या लगता हूँ?
जो समक्ष, वो है सक्षम,
वो ही उत्तम, तो मैं क्या हूँ?

वो चिराग है,वो रोशन है,
वो कुल की मर्यादा है,
मान बचाकर गिरवी रखा,
वो पुरखों का वादा है,
वो उपनाम सँभाले बैठा,
नाम लिए मैं बैठा हूँ,
जो समक्ष, वो है सक्षम,
वो ही उत्तम, तो मैं क्या हूँ?

वो जिसके हैं पंख,
मगर वो आसमान का कैदी है,
जिसकी खुली उड़ान वहाँ तक,
डोर जहाँ तक जाती है,
उसके कारण पंख समेटे,
हरदम वापस लौटा हूँ,
जो समक्ष, वो है सक्षम,
वो ही उत्तम, तो मैं क्या हूँ?

वो जिसका अस्तित्व
ज़मी से जुड़ा हुआ, जड़ से पोषित,
वो जिसका दायित्व मुकुट,
संबंधों के नग से शोभित,
उसके राजतिलक में
जय करती,लाचार प्रजा सा हूँ,
जो समक्ष, वो है सक्षम,
वो ही उत्तम, तो मैं क्या हूँ?

एक बार,बस एक बार ,
उसको समक्ष से दूर करो,
एक बार उसको निर्बल,
मुझको बल से भरपूर करो,
एक बार अवसर दो 'रुपक',
दिखलाने का कि क्या हूँ,
नाम समाधि पर लिखना,
उपनाम चिता को देता हूँ,
जो समक्ष, वो है सक्षम ,
वो ही उत्तम,तो मैं क्या हूँ?

जब कवि निःशब्द होता

जब कवि निःशब्द होता, भावनायें टपक जाती,
उंगलियां जब थरथराती, शून्य दृष्टि अटक जाती।

वह नज़ारा देखने को,
दृग सहस्त्रों ताकते हैं,
निशा गीतों के रचयिता,
रात कैसे काटते हैं?
रंगमहलों के सृजनकर्ता की,
झोपड़पट्टियों सी,
आपबीती कौंधकर,
बिजली ज़ुबाँ पर चमक जाती।
जब कवि निःशब्द होता,
भावनायें टपक जाती...

ग़मज़दा नग़में बनाना,
रंज के किस्से बनाना,
सहज होता है घरों में,
विश्व के नक्शे बनाना।
एक रेतीले सफ़र में,
जहाजों में समंदर में,
जंगलों की रात भर में,
पसलियां तक तड़क जाती।
जब कवि निःशब्द होता,
भावनायें टपक जाती...

दर्द कहना, टीस कहना,
चार का चालीस कहना,
हाँ मुझे आता था ढंग से,
मन-मुताबिक़ चीज कहना;
तब तड़प जानी न थी,
जाना न था क्या बुरा सपना,
नींद के उस पार भी,
तिमिर तृष्णा छिटक जाती।
जब कवि निःशब्द होता,
भावनायें टपक जाती...

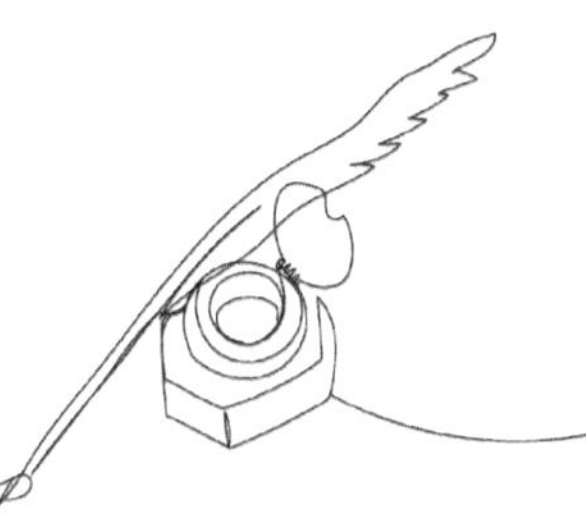

रसमयी 'रूपक' गढे थे,
पर सही उपमा न पाई,
शब्द में ब्रह्माण्ड भर डाला,
न लेकिन 'माँ' समायी;
एक कसक चिरकाल की,
बन लकीरें भाल की,
अनकहे सवाल की,
इंद्रियों में चिपक जाती।

जब कवि निःशब्द होता, भावनायें टपक जाती,
उंगलियां जब थरथराती, शून्य दृष्टि अटक जाती।

शब्दों का सामर्थ्य

पावक, पर्वत, अंबर, भूमि, अंतरिक्ष से भी सशक्त है,
शब्दों का सामर्थ्य असीमित, अमर,अजर,अविजित,अनंत हैं।

सदियों का इतिहास देख लो,
चक्रवर्ती सम्राट, शहंशाह,
कितनों का सम्मान सलामत,
कहाँ गई अक़बर की सेना?
अक़बर युग में एक अकिंचन,
दुर्बल, और अस्तित्व हीन सा,
संत जिसे कहते हम तुलसी,
पूज्यनीय हर शब्द है उनका।
दौलत, शोहरत, महल, हवेली,
सबका एक निश्चित सा अंत है,
शब्दों का सामर्थ्य असीमित,
अमर,अजर,अविजित,अनंत हैं।

ह्वेन त्सांग, मेगस्थनीज की,
मार्को पोलो की गाथाएँ,
शब्दों में न ढाली जाती,
कैसा होता विश्व बताएं?
कोलम्बस फिर किसको पढता?
पढ़ते किसे विश्व के खोजी?
बंजारों से लड़ते फिरते,
जो न होते दस्तावेज़ी।
मानव की नश्वर काया भी,
शब्द माध्यम से जीवंत है,
शब्दों का सामर्थ्य असीमित,
अमर,अजर,अविजित,अनंत हैं।

श्रुतियों से कब तक जी पाती,
धर्म, वेद, विज्ञान, की थाती?
तथ्य को भी कपोल बतलाते,
इर्ष्यालु सब पश्चिमवादी।
ताड़पत्र, और अभिलेखों में,
दर्ज़ हुई जब गौरवगाथा,
है मजाल जो कह देते ये,
भारत का कुछ भूत कहाँ था।
शब्दों के प्रभाव से कीर्ति,
विश्वगुरु की चिर ज्वलंत है।
शब्दों का सामर्थ्य असीमित,
अमर,अजर,अविजित,अनंत हैं।

भंगुर काया मिट जाएगी,
अगले क्षण का नही भरोसा,
कब आ जाये काल निमंत्रण,
भवन भंग भावी स्वप्नों का।
नही मिटेगा किन्तु शब्द जो,
भर भावों से गया उकेरा,
ज्ञान रहेगा,सीख रहेगी
रहे न रहे शब्द चितेरा।
विदित है 'रूपक' सूक्ष्म सही पर,
चिर-प्रकाश-युग, दिग-दिगंत है।
शब्दों का सामर्थ्य असीमित,
अमर,अजर,अविजित,अनंत हैं।

कितनी बातें कहने को थीं

कितनी बातें कहने को थीं, कितनी बातें व्यर्थ कहीं,
जब अतीत के शब्द टटोले, गड्बड खाता, ग़लत बही।

मन भर बातें मन में रखी,
हल्की-फुल्की बोल गए,
भाव-विभोर, भयातुर,
मुख क्या ग़लत समय पर खोल गए?
शब्द बाण निष्प्राण, लक्ष्य संधान,
ध्यान से हुआ नहीं।
जब अतीत के शब्द टटोले,
गड्बड खाता, ग़लत बही।

अनुभव में थे पके शब्द,
जो युवा कर्ण को कटु लगे,
ममता से थे भरे शब्द,
जो अहंकार में लघु लगे।
क्रोधाग्नि में जली नसीहत,
चिड़िया चुगकर खेत गयी।
जब अतीत के शब्द टटोले,
गड्बड खाता, ग़लत बही।।

समय नहीं रुकता है रोके,
राजा, रंक, प्रसन्न, उदास,
नही लौट पाते पल 'रूपक'
रह जाती बस आधी प्यास।
भावी क्षण की छांछ फूंकते,
विगत क्षणों की टीस सही।
जब अतीत के शब्द टटोले,
गड्बड खाता, ग़लत बही।

बोलो क्या पहचान तुम्हारी?

बाजू रखो बोझ का गट्ठर
मति से गधे गति से खच्चर
थक-कर झुके-झुके फिरते हो
कहाँ गयी वह शान तुम्हारी
बोलो क्या पहचान तुम्हारी ?

कहाँ गया वो पागल लौंडा,
हाथ उठा कहता था YOLO*
कुछ अतीत के पन्ने पलटो,
वर्तमान के बंधन खोलो;
यही ख़्वाब था क्या कि जुतकर,
होवे कमर कमान तुम्हारी ?
बोलो क्या पहचान तुम्हारी ?

सबकी कही सुना करते हो,
फिर सुनकर और डरते हो,
कटी पतंगों से गिरते हो,
बिन पतवारों के तिरते हो,
किधर लक्ष्य संधान तुम्हारी ?
बोलो ! क्या पहचान तुम्हारी ?

*You Only Live Once

उम्मीदों का गट्ठर ढोते,
आधी उम्र रहे तुम 'खोते',
अब कह दोगे नस्लें आगे,
जाएं बोझ हमारा ढोते,
कुली ओ कुली अक्ल लगा ले,
तेरी न सामान सवारी,
बोलो ! क्या पहचान तुम्हारी ?

कमर अकड़ने दो तुम 'रूपक',
अकल अकड़ने में पीड़ा है,
चौपाया बनकर चल लेंगे,
पर दिमाग़ में तो कीड़ा है,
कीड़े शक्ल बुरी कर देंगे,
शक्लें चन्दर -भान हमारी।
एकरसता पहचान हमारी।
बोलो ! क्या पहचान तुम्हारी ?

प्यास बुझे न!

प्यास बुझे न! प्यास बुझे न! मुझे और पीना है नीर,
कर दो खाली कूप, सरोवर, नदी, ताल, झरने और झील।

अरे कंटको! कष्ट कंठ को!
तृप्ति का कुछ करो उपाय,
हाय! कैसी अमिट ये तृष्णा,
'जल' जाए, तो फिर 'जल' जाए।
अर्जित, अर्चित, पूजित, सिंचित,
नित, नवीन, मन अथक, अधीर।
प्यास बुझे न! प्यास बुझे न!...

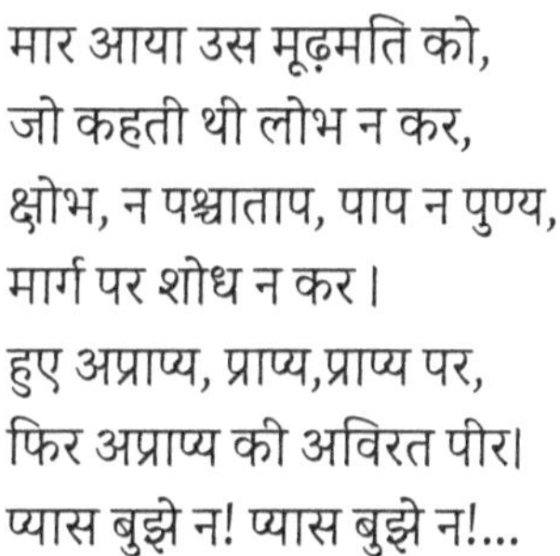

मार आया उस मूढ़मति को,
जो कहती थी लोभ न कर,
क्षोभ, न पश्चाताप, पाप न पुण्य,
मार्ग पर शोध न कर।
हुए अप्राप्य, प्राप्य,प्राप्य पर,
फिर अप्राप्य की अविरत पीर।
प्यास बुझे न! प्यास बुझे न!...

श्मशान वैराग्य तिरोहित,
कर वैभव लोलुपता पर,
दिशाहीन उन्मत्त नृत्य,
फिर किया मोह की मदिरा पर।
बस अंतिम अभियान अनिश्चित,
ततपश्चात सुजान, सुधीर।
प्यास बुझे न! प्यास बुझे न!...

भोगी, लोभी, दर्पी, मोही,
लालच लत, निष्प्राप्य अफीम,
'रूपक' भागे उसी दौड़ में,
जिसकी सीमा क्षितिज असीम।
ज्ञान-जलधि है, कुमति लवण है,
चातक दीन-हीन गंभीर।
प्यास बुझे न! प्यास बुझे न!
मुझे और पीना है नीर।

एक दिन सब मर ही जायेंगे

एक दिन सब मर ही जायेंगे, मैं भी, तुम भी, ये भी, वो भी।
शरद पूर्णिमा, गंगा जल से, नहीं टलेगी अंतिम वेदी।

बात बहुत कड़वी लगती है,
कहने में मिर्ची लगती है,
सुनकर सुन्न करे कानों को,
तृष्णा ही अच्छी लगती हैं।
किन्तु न कहकर फिर जाने से,
कालचक्र न रुके फ़रेबी।
एक दिन सब मर ही जायेंगे...

सिंहासन संघर्ष रहेगा,
बना रहेगा 'मैं' का झगड़ा,
तनी हुई नंगी तलवारें,
रिपुदमन का चस्का तगड़ा।
शांत चित्त निश्चिन्त नियंत्रित,
किस क्षण होगा मन आवेगी?
एक दिन सब मर ही जायेंगे...

किया हुआ करते जाएंगे,
आएंगे किरदार निभाने,
वही मंच है, वही पटकथा,
वही विदूषक, पिटे पुराने।
किन्तु न पट के गिर जाने तक,
करतल स्वर की चाह मिटेगी।
एक दिन सब मर ही जायेंगे...

स्वजनों को उर से चिपटाकर,
जर, ज़मीन, प्रासाद बनाकर,
नयन गड़ाकर सम्पत्ति पर,
उत्तरतम अधिकार जताकर,
क्या प्रसन्न हो यम कह देंगे,
आयु तेरी अमर रहेगी?
एक दिन सब मर ही जायेंगे...

तो क्या करूँ? हिमालय जाऊं?
ब्रह्म तपस्या ध्यान लगाऊं,
जब मनुष्य बन जन्म लिया है,
मानव का उपहास उड़ाऊँ,
कटु सत्य कंटक है 'रूपक'
मत कह, कहकर बात बढ़ेगी।
एक दिन सब मर ही जायेंगे,
मैं भी, तुम भी, ये भी, वो भी।
शरद पूर्णिमा, गंगा जल से,
नही टलेगी अंतिम वेदी।

क्रोध

भभक उठा जो क्रोध, भस्म हो गयी मति,
सती हुई विमर्श की विरल विडंबना।
रक्त-रक्त हो गया, विधी विरक्त हो गया,
प्रहार के, संहार के, श्रृंगार में है संजना।

घमण्ड है प्रचण्ड,
मुण्ड दर्प सर्प कुण्डलित,
लोभ,मोह,प्राप्ति से
हो रहे नयन ललित,
शुचित लगें सभी उपाय
राय की ग़रज नहीं,
गरज रही है
'एक-क्षत्र राज्य' की ही कल्पना।
भभक उठा जो क्रोध...

चक्षु का अनल,
स्वजन को देखकर,धधक रहा,
कथन से 'नीति','सत्य','व्रत' के;
अग्नि घ्रत,भड्क रहा,
उचक रही उद्दण्ता,
पावसी-मण्डूक सी,
शौर्यहीन कर रहा है
"युद्ध-युद्ध" गर्जना।
भभक उठा जो क्रोध...

लो प्रहार कर दिया,
तार-तार कर दिया,
"मैं अजातशत्रु"
सबको ख़बरदार कर दिया,
भर दिया ज़हर,
उमर के बरगदी लगाव में,
घाव में उतार आया,
पीढीयों की वेदना।
भभक उठा जो क्रोध...

देखकर पयोधि,
दंभ फूट-फूट रो पड़ा,
कुटैव में भसम हुआ,
किसी को फ़र्क क्यों पड़ा?
सकल निशा वो,
ताकता रहा तरंगरोह को,
अस्थि पुष्प बह गये,
बहा न पुष्प प्रेम का।
'रुपक' कटूक्ति त्याग,
अब तालाशता प्रियंवदा।

कौटिल्य का क्रोध

कर्कश, क्रोधी कटु वचन, विषधर तीर समान,
वृक्ष वृहद प्रतिशोध का, अंकुर है अपमान।

क्रोध करो तो यूँ करो,
जैसे विष्णुगुप्त,
कटुता में कौटिल्यता,
शक्ति चन्द्रगुप्त।
राजयोग में जन्म था,
था राजा का योग,
माता को असह्य था,
सुत का सदा वियोग।

तोड़े अपने दांत स्वयं,
राजयोग हट जाए,
अतिकुरुप काया रहे,
मातृ कष्ट मिट जाए।
नही मिटा करते मगर,
नियति के अभिलेख,
महानंद दरबार में,
पहुंचे भिक्षुक वेश।

महानन्द ने कर दिया,
भरी सभा अपमान,
नंद अंत का प्रण लिया,
खोल शिखा बंधान।
ज्यों कृपाण का अर्थ नही,
हो वानर के पास,
क्रोध समझ से यदि रहे,
रच सकता इतिहास।

क्रोध हुआ जब अंकुरित,
सिंचित प्रण का नीर,
शिष्य मिला तब चंद्रगुप्त,
बुद्धि निपुण और वीर।
शिक्षा का संचार था,
और अटल उद्देश्य,
प्रथम प्रयास में पिट गए,
गए निकाले देश।

विचरण करते मिल गयी,
खिचड़ी खाते सीख,
वार किनारों पर करो,
मिले केंद्र पर जीत।
महानन्द का धूसरित,
फिर कर दिया घमण्ड,
मौर्यवंश की कीर्ति रही,
सदियों सदी प्रचण्ड।

क्रोध कराता कार्य कठिन,
यदि सधा हो लक्ष्य,
चिढ़ना, चढ़ना, चीखना,
नही क्रोध के दृश्य।
क्रोध राम ने जब किया,
लंका का था अंत
क्रोध कृष्ण ने जब किया,
भूमिपतित था कंस।

दुर्योधन के क्रोध का,
कारण था अपमान,
पर भूला प्रतिशोध में,
नारी का सम्मान।
अंत क्रोध का क्रोध हो,
ज्वाला जलती जाए,
पांचाली का प्रण रण में,
कुरुक्षेत्र ले जाये।

जारी हैं वर्चस्व के,
अब भी जग में युद्ध,
कभी क्रुद्ध है रूस तो,
कभी चीन है क्रुद्ध।
है शक्ति का संतुलन,
जागृत ज्वाला स्त्रोत,
जाने किस दिन जल पड़े,
तृतीय युद्ध की ज्योत।

'रूपक' सच्चा क्रोध है,
जैसे जलधि विशाल,
शक्ति का अनुमान है,
शांत, संयमित चाल।

केकड़ों की क्रांति

एक बार केकड़ों ने क्रांति कर दी,
केकड़ों के सरदार ने घोषणा की
"हम जुरासिक काल से मौजूद हैं!
हमारा प्रगैतिहासिक वज़ूद है,
उभयचरी जगत में हम दो तिहाई,
फिर क्यों बनें हम सूप और फ्राई?
याचना नही हुंकार है ये,
प्रतिवाद नही प्रतिकार है ये,
अब नही पकाये जाएंगे,
उल्टे मनुष्य को खाएंगे!"

एक केकड़ी ने हिम्मत जुटाई,
सरदार से अपनी आशंका बताई
"हम संधिवादी हैं,
झुण्ड में ही हमारा अस्तित्व है,
अगर बना भी ली केकड़ों की सेना,
क्या हमारे पास कुशल नेतृत्व है?
माना मानव अत्याचारी,
पर क्या उससे लड़ पाएंगे?
जब टांग सभी की खींचेंगे
आगे कितना बढ़ पाएंगे?"

सरदार ने केकड़ाहास किया,
केकड़ी को अपने पास किया,
अपने पंजो में रेत भरी,
और फिर भीषण हुंकार करी!

"मैंने सब देखा परखा है,
एक जाल से बचकर आया हूँ,
हम जैसा ही होता मनुष्य,
सब बात समझकर आया हूँ,
जैसे हम सब अकशेरुकी,
मानव की कोई रीढ़ नही,
दिखने को बस है मेरुदण्ड,
सोचे है वो भी भीड़ में ही,

जैसे अपनी टेढ़ी है चाल,
मानव भी वैसे चलता है,
मुख पर मीठी वाणी कहता,
अन्तस् में विष ही पलता है,
मानव से मानव का बढ़ना,
किंचित न देखा जाता है,
चाहे हो निज की अधोगति,
स्वजनों को नीचे लाता है,
हम जैसा सर्वाहारी है,
उसे घास-मांस सब चलता है,
मन में रखता है बैर भाव,
और इर्ष्याग्नि में जलता है,

'तो सुनो केकड़ी भय न कर,
यह युद्ध तो हम ही जीतेंगे,
मानव तो हँसकर देखेगा,
जब उसके प्रिय को नोचेंगें।।

कहते-कहते सरदार
उन्मादी हो गया,
केकड़ी को पंजो से जकड़ा
प्रमादी हो गया,
अचानक केकड़ों की सभा पर
जहाज से एक जाल गिरा,
झुंड में अफरा-तफरी मची,
सरदार भागा अधमरा,

केकड़ी ने सरदार को,
अपने पंजो में भीच लिया,
झुण्ड के साथ
अपने नेता को खीच लिया
स्वप्न हुआ भंग,
टूट गयी भ्रांति,
इस तरह ख़त्म हुई
केकड़ों की क्रांति।

तट की तिलमिलाहट

क्या ग़लत है, क्या सही, या हर तरह सोचा नहीं,
क्यों टूट जाती नींद जब, ये लग रहा सोया नहीं।

सच जलधि की शांति,
या सच हठी उद्दंडता,
सच जुनूनी क्रांति,
या सच अडिग निस्तब्धता,
क्यों मैं उसे निष्ठुर कहूँ,
यदि फफक कर रोया नही,
क्यों टूट जाती नींद जब,
ये लग रहा सोया नहीं।

षड्यंत्र के उस व्यूह में,
अभिमन्यु का संघर्ष सच,
या कौरवों को श्रेय दूं
यदि युद्ध का आदर्श सच,
यदि विजय केवल लक्ष्य है,
तो मार्ग देखूँ या नहीं
क्यों टूट जाती नींद जब,
ये लग रहा सोया नहीं।

कौरव नही, पांडव नहीं,
न राम न दशमेश हूँ,
तट के निकट निष्क्रिय खड़ा,
एक अनमना आवेश हूँ,
निकलो निठल्ली सोच से,
'रुपक' ये रण तेरा नही।
क्यों टूट जाती नींद जब,
ये लग रहा सोया नहीं।

सूरज नहीं डूबने दूंगा

मैनें फंदे बना लिए हैं, पर्वत से उसको पकडूंगा ,
सूरज नही डूबने दूँगा ,सूरज नही डूबने दूँगा।

कई वर्ष से देख रहा हूँ
सूरज तुझको आते जाते,
समरसता की नीरसता को
नीरवता में पर फैलाते,
आते स्वर्णिम किरणें लेकर
सिंदूरी सपने दे जाते,
'कहाँ लुटा आए सब सोना?
'कान पकड्कर ये पूछूँगा'
सूरज नही डूबने दूँगा ,
सूरज नही डूबने दूँगा।

साल ढले की साँझ ढले,
मेरे हाथ अधूरे सपने होंगें,
इतनी ज़ोर से मारूँगा,
कि तुम चंदा से जा चिपकोगे,
दोगे दग़ा दिवाकर दृग को,
निशी दिवस यूँ ही लटकोगे,
नक्षत्रों नाराज़ न होना,
नव रवि का आह्वान करूँगा।
सूरज नही डूबने दूँगा,
सूरज नही डूबने दूँगा।

सत्ता के उल्लू चमगादड़,
जनता से न चिपक सकेंगे ,
दुष्चरित्र दृष्टि बध्दों के,
सदन न दुति से दमक सकेंगे,
ठेंगे से इनके क्रिसमस ये,
छः का छीका फोड़ ही देंगे,
और दंगे भड़क गये तो,
रक्तिम रातों में मैं सो न सकूँगा,
सूरज नही डूबने दूँगा,
सूरज नही डूबने दूँगा।

नव प्रभात नव वर्ष नव सदी,
नव आशा नवनीत बँटेंगे,
पिघल पिघल ये पृण टपकेंगे,
जब प्रचण्ड विस्फोट घटेंगे
हटेंगे फिर चेहरों से चेहरे,
प्रतिमानों के पृष्ठ फटेंगे,
हर निषेध निशि में निषिद्ध है,
निश्चय है ये तम हर लूँगा,
सूरज नही डूबने दूँगा,
सूरज नही डूबने दूँगा।

बैठ गया था मौन क्षितिज पर,
पक्षी कलरव करते थे,
पर्वत लगा तापने गर्मी
पशुदल पद रव करते थे,
हरते थे विश्वास मेरा
उपहास उलाहित करते थे,
मैं रहूँ सफल न रहूँ किंतु
फिर भी यह द्रुढ संकल्प धरूँगा,
सूरज नही डूबने दूँगा,
सूरज नही डूबने दूँगा।

शिखर का शंखनाद

ध्वजा थमा दो हाथ में, शिखर का शंखनाद दो,
कहो न मुझको धीर तुम, अधीर शब्द लाद दो।

हो रक्त स्वेद भाल में,
न छल न भेद चाल में,
कपाल में हो कँपकँपी,
रहे रुधिर ऊबाल में
निढाल जो पडा मिलूँ,
उछाल उन्माद दो,
कहो न मुझको धीर तुम,
अधीर शब्द लाद दो।

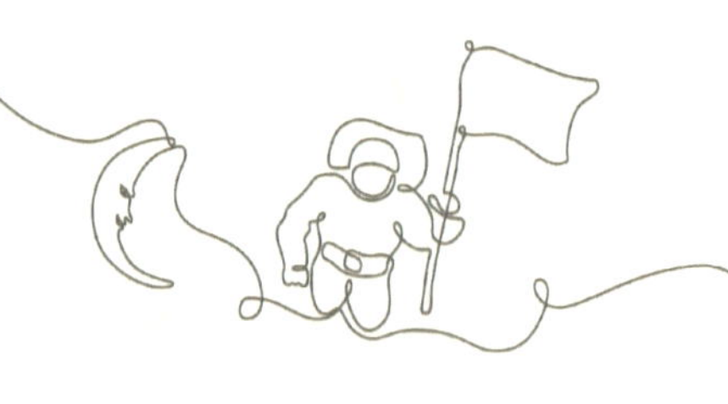

गरज रहे हों मेघ,
वेग वायु का प्रचण्ड हो,
घमण्ड हो सुपात्र का,
न पत्र,पात्र,दण्ड, हो,
उद्दंड ही मुझे कहो,
नमन न धन्यवाद दो,
कहो न मुझको धीर तुम
अधीर शब्द लाद दो।

कदम हो कण्टकों को,
कण्ठ को गरल वमन मिले,
अगन मिले बदन को,
मन को लक्ष्य का दमन मिले,
वसन मिले जो मखमली,
पटक के पंक गाद दो,
कहो न मुझको धीर तुम,
अधीर शब्द लाद दो।

टपक रहा हो स्वेद,
रिस रहा हो रक्त घाव से,
अलाव से चिपक के
चूस लूँ अगन मैं चाव से
जो भाव भक्ति से भरुँ
तो कर्म का प्रसाद दो,
कहो न मुझको धीर तुम
अधीर शब्द लाद दो।

सशक्त हो सके भुजा,
सूर्य को ढँके ध्वजा
सजा गगन का थाल हो,
हो कर्ण भेद शंख का,
बजा सकेगा शक्ति से
"रुपक" को शंख नाद दो।

ध्वजा थमा दो हाथ में, शिखर का शंखनाद दो,
कहो न मुझको धीर तुम, अधीर शब्द लाद दो।

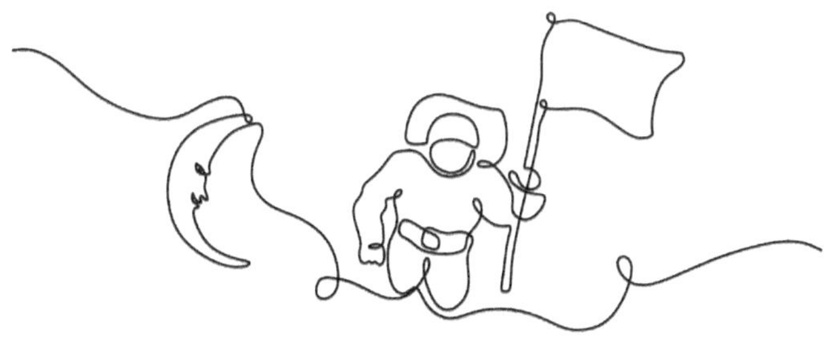

आरज़ू अनंत,मन घुमंत

आरज़ू अनंत,मन घुमंत बड़ा बेक़रार
आज भी इसे है इंतज़ार,
है जो मिला,चलो मिला,
न जो मिला,न क्यों मिला?
ख्वाहिशें ज्वलंत,भींचे दंत,
कर रहा गुहार,
आज भी इसे है इंतज़ार,
आरज़ू अनंत...

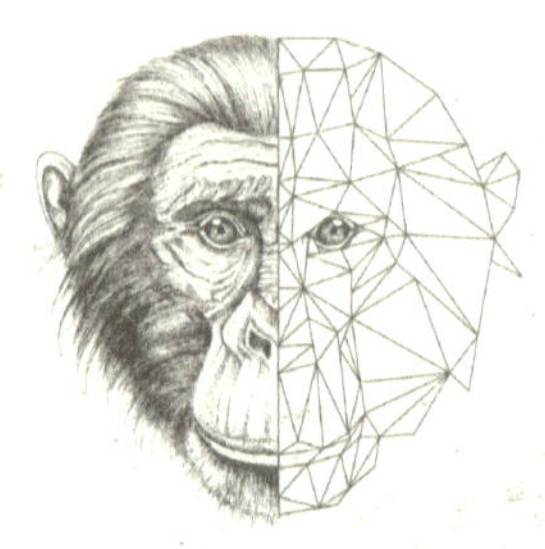

खोपड़ी की खाट में
विराट जाल बुन गया,
खुद की सोच सड़ गयी,
खुद का मान घुन गया,
कॉपियाँ अनंत,कर तुरंत,
बस रहा उतार,
आज भी इसे है इंतज़ार,
आरज़ू अनंत...

अकबका गया ये,
भकभका गया,
गया जो कुछ,
म्यूज़ियम बना,
हुआ न चार दिन नया जो कुछ,
बार-बार चीत्कार,
और-और की पुकार,
आज भी इसे है इंतज़ार,
आरज़ू अनंत...

ताक रख दिया है सच,
झूठ बोलता है सच,
किरकिरे करे मेरे मज़े
तो कुङ्कुङा है सच,
सत्य जामवंत,
हनुमंत खोलता न द्वार,
आज भी इसे है इंतज़ार,
आरज़ू अनंत...

ख़याल तितलियाँ रहें,
तो लब्ध फूल सा रहे,
सुवास आस बन चले,
प्रयास सूखता रहे,
शून्य से अनंत,
बस भिडंत और धाङ-मार,
कर न 'रुपक' ऐसा अत्याचार,
आरज़ू अनंत,मन घुमंत बङा बेक़रार
आज भी इसे है इंतज़ार।

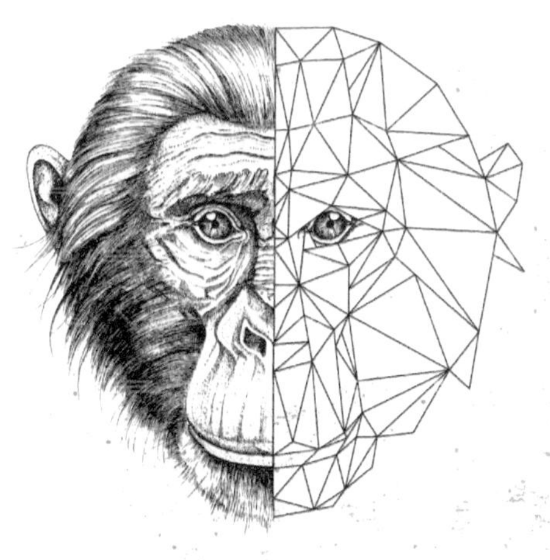

बेतरतीब

अंगुर-अंगुर, भंगुर-भंगुर, झींगुर-झींगुर झन्नाटा
कतरा-कतरा, पसरा-पसरा,बिखरा-बिखरा सन्नाटा।

बढते-बढते, चढते-चढते,
लुङ्के-लुङ्के चित्त पडे,
उजले-उजले, पिघले-पिघले,
बिखरे-बिखरे चित्र बडे।
पस्त-पस्त फिर सुस्त-सुस्त
फिर ज़बरदस्त एक फर्राटा,
कतरा-कतरा, पसरा-पसरा,
बिखरा-बिखरा सन्नाटा।

कब? क्यों? कैसे?
कितना? कब तक?
किट-किट ,झिक-झिक,
झक-झक,बक-बक,
अनदेखी,तिरछी देखी,
फिर देखी अपलक टक-टक,
रोता होता सोता सोता,
खुली आँख का खर्राटा।
कतरा-कतरा, पसरा-पसरा,
बिखरा-बिखरा सन्नाटा।

ढुलका-वुलका,हल्का-हल्का,
ढाँढस-वाँढस आशाऐं,
तने-तने,फिर बने-बने,
फिर राहें-वाहें भरमाऐं।
चंचल,चतुर,चपल चित
चेहरे पर चाहे चित्रित चाँटा,
'रुपक' बेतरकीब,
ख़याल अजीब
कि क्यूँ 'बेतरतीब' सा
ये लम्हा बाँटा।

अंगुर-अंगुर, भंगुर-भंगुर, झींगुर-झींगुर झन्नाटा
कतरा-कतरा, पसरा-पसरा,बिखरा-बिखरा सन्नाटा।

लाल-बत्तीः हरी-बत्ती

हड़बड़ाहट,चिड़चिड़ाहट,छटपटाहट,ज़बरदस्ती;
टुकड़ा-टुकड़ा,शहर सिकुड़ा, 'लाल-बत्ती/हरी-बत्ती'।

घोसले से चोंचले देखे,
तो चाहत थी बड़ी,
पंख फूँको शंख शक्ति का,
वहाँ मंज़िल खड़ी,
दलदली दल, चल चले चल,
सर झुका, है सरपरस्ती;
धुंध,धूलें,धूप,रातें,
'लाल-बत्ती/हरी-बत्ती।
टुकड़ा-टुकड़ा,शहर सिकुड़ा,
'लाल-बत्ती/हरी-बत्ती'।

नीर निर्मित,चीर निर्मित,
क्रोध निर्मित,धीर निर्मित,
फैक्ट्री पग-पग हुआ,
पल-पल हुआ
जो सिर्फ़ निर्मित,
शक्ल 'पुर्ज़ा है,
'मशीनें' घनी-बस्ती-बड़ी-बस्ती
जीविका वाहन,बचत Throttle,
Decision "लाल-बत्ती/हरी-बत्ती";
टुकड़ा-टुकड़ा,शहर सिकुड़ा,
'लाल-बत्ती/हरी-बत्ती'।

खूँटियों पर खूँटियाँ,
सब टँगे,लटके,लदे,फिसले,
क़ब्र तक टाँग आये होंगे,
फ़ैसले अगले जनम के,
उठा पुट्ठा, हँसो झुट्ठा,
बनो 'रुपक' एक व्यक्ति,
भेड़ चालें बस समझतीं,
'लाल-बत्ती/हरी-बत्ती';

हड़बड़ाहट,चिड़चिड़ाहट,छटपटाहट,ज़बरदस्ती;
टुकड़ा-टुकड़ा,शहर सिकुड़ा, 'लाल-बत्ती/हरी-बत्ती'।

मज़ा आ रहा है

पलक दर पलक कुछ नया आ रहा है,
बदलने दो जीवन मज़ा आ रहा है।

कभी जो किताबों में किस्से पढे थे,
पलटते-पलटते, पलटते बडे थे,
खडे थे कभी जो पहाडों के ऊपर,
अचानक ज़मीं पर वो औंधे पडे थे,
हद-ए-मोड पर रास्ता आ रहा है,
बदलने दो जीवन मज़ा आ रहा है।

कई रास्ते जैसे हों पटरियाँ,
कई साँप जैसी हैं पगडण्डियाँ,
बताया हुआ है कोई रास्ता,
कोई ऐन मौके पे खोजा हुआ,
कोई ढूँढता ढूँढता आ रहा है,
बदलने दो जीवन मज़ा आ रहा है।

लकीरें हथेली पे लिखी हुई,
लकीरें जो माथे पे सिकुडी हुई,
लकीरें कुरेदी हुई पत्थरों पर,
लकीरें समंदर पे मिटती हुई,
लकीरों में हर दायरा आ रहा है,
बदलने दो जीवन मज़ा आ रहा है।

कोई वक्त के साथ चलता हुआ,
किसी हाथ से वो फिसलता हुआ,
निकलता हुआ उससे आगे कोई,
किसी आँख में वक्त ठहरा हुआ,
हर एक वक्त 'रुपक' तेरा आईना है,
बदलने दो जीवन मज़ा आ रहा है।

एक याद

एक याद है खुशबू जैसी,भीनी-भीनी धुँधली-धुँधली,
एक याद है आँसू जैसी, रुकी रुकी सी गिरती गिरती,

एक याद साँसो जैसी है,
आती-जाती घड़ी घड़ी,
एक याद आँखों जैसी है,
खुली खुली सी मुँदी मुँदी।

एक याद है बादल जैसी,
बरस गई टकराकर जो,
एक याद गंगाजल जैसी,
पावन मन में आकर जो।
एक याद रातें बरसाती,
बिजली संग डराकर जाती,
एक याद तूफान बाद दिन,
फिर निकला मुस्काकर जो।

एक याद है रिश्तों जैसी,
जुड़े हुए पर टूटे से,
एक याद है किश्तों जैसी,
बँधे हुए न छूटे से,
एक याद नानी का किस्सा,
थोड़ा झूठा थोड़ा सच्चा,
एक याद वो साफ बहाने,
सच भी लगते झूठे से।

एक याद रह रह कर आती,
एक दफन है सीने में,
एक याद कुछ कह कर जाती,
एक लगी मुँह सीने में,
एक याद जो हर पल रहती,
हर पल 'मुझे भुला दो' कहती,
एक याद है 'रुपक' जैसी,
आँसू धुले पसीने में।

वह तेजोमय याद

कुछ यादें
इतनी तेजोमय क्यों होती हैं?
कि इनकी रोशनी में
चौंधिया जाती हैं आंखे,
धड़कने लगता है दिल
धौंकनी की तरह,
जल उठता है सीना
जैसे लावा भरा हो;

तितलियां उठने लगती हैं
पेट में,
पांवो में
पड़ जाती हैं बेड़ियां,
जम जाता है मस्तिष्क
बर्फ की तरह,
सिल जाते हैं होंठ
जैसे कभी खुले ही न थे;

बजने लगती हैं सीटियां
कानों में अकस्मात,
गालों में ढुलक आते हैं
ठहरे हुये दो मोती,
सुवास में भर जाता है
नशा पहचाना सा,
असह्य हो जाती है
स्तब्धता।

बंद कर देता हूँ
यह प्रकाश पुंज,
संदूकों के अंदर,
बिस्तर के नीचे,
अलमारी के
सबसे गुप्त कोने में,
पीतल के
बमुश्किल खुलने वाले डब्बे में;
फोन के छुपे हुए फोल्डर में,
एल्बम की तस्वीर के
पीछे तीन परतों में।

इसलिए नहीं
कि ये यादें कटु हैं,
बल्कि इसलिए
कि इस प्रकाश पुंज में,
दिख जाता हैं
अपना चितकबरा चितवन,
वो काले धब्बे
बार-बार चिढ़ाते हैं;

यादों में
सब उजला होना संभव नहीं,
किन्तु वह तेजोमय याद
पूछती है प्रश्न,
क्या सब कुछ
इतना असंभव था?

आवाज़ें लौट आती हैं

आवाज़ें लौट आती हैं,
अंधेरे कुएं से भी,
घनी वादियों से भी,
खाली दीवारों से भी,
बहरी अंतरआत्मा से भी।

कुएं से आवाजें लेकर आती हैं
पानी की बेबसी,
मेंढ़क की मूढ़ता,
सीलन की उदासी,
ईटो का अंधापन,
और एक अनंत गहराई।

वादियों से आवाज़ें लाती हैं,
ताज़ा हवा,
हरियाली की आस,
प्रकृति की रमणीयता,
आकाश का अल्हड़ उत्साह,
और मिट्टी की मदमाती सुंगध,
जिसमें जीवन के अंकुर
दबे हैं अब भी।

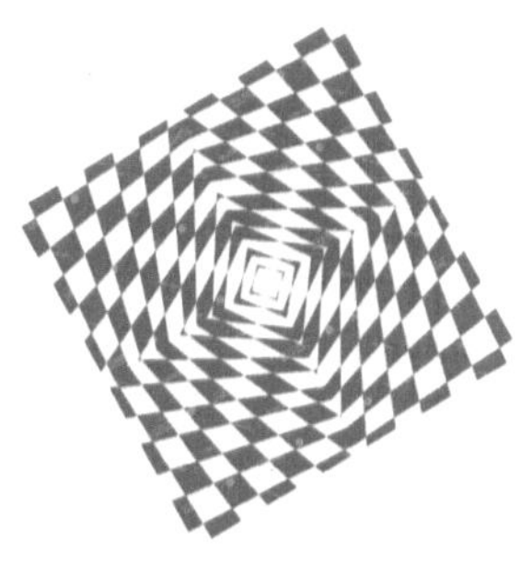

खाली दीवारों से आवाज़ें लाती हैं,
यादें, किलकारियां, ठहाके, चुगलियां
सिसकी, कसक, ग़ुस्सा, चीत्कार,
सपने, उम्मीदें, उत्सव, ख़ुशियाँ,
अकेलापन, उदासी, आँसू, दर्द,
दीवारों के कान
रख लेते हैं कुछ आवाज़ें।

अंतरआत्मा में
खो जाती है आवाज़,
लौटकर
कर्कश हो जाती है आवाज़,
दया लौटती है
बनकर एहसान,
ख़ुशी लौटती है
बनकर ईर्ष्या,
लाचारी
लालच बनकर आती है,
इंसानियत
बन जाती है हैवानियत,
अंतरात्मा दिखा देती है आईना,
परियां सिर्फ़ कहानियों में होती हैं।

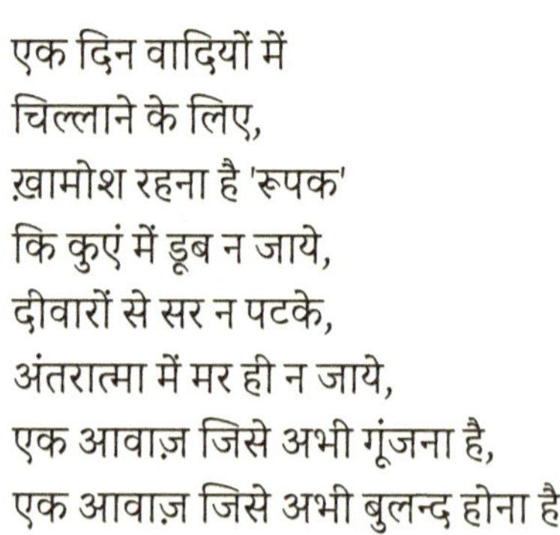

एक दिन वादियों में
चिल्लाने के लिए,
ख़ामोश रहना है 'रूपक'
कि कुएं में डूब न जाये,
दीवारों से सर न पटके,
अंतरात्मा में मर ही न जाये,
एक आवाज़ जिसे अभी गूंजना है,
एक आवाज़ जिसे अभी बुलन्द होना है।

यहां से भाग जाना चाहता हूँ

यहां से भाग जाना चाहता हूँ,
कोई अच्छा बहाना चाहता हूँ।

बड़ी ज़ालिम हैं ये दुनिया की रस्में,
ज़रा पीछा छुड़ाना चाहता हूँ।
वो बाग़ीपन तुम्हारे दिल में भी है,
मैं जिसको आज़माना चाहता हूँ।

लकीरें भी, क़दम भी घिस गए हैं,
नया रस्ता बनाना चाहता हूँ।
पहाड़ों की तरह पथरा गया हूँ,
मैं बादल बनके गाना चाहता हूँ।

समय की पटरियों पर रेल-जीवन,
बस एक जंज़ीर पाना चाहता हूँ।
सभी फ़ितरत यहां आतिश-फ़िशां*हैं,
मैं जल्दी जाग जाना चाहता हूँ।

इन आधी रात के ख्वाबों को 'रूपक'
सुबह ख़ुद से छुपाना चाहता हूँ।
यहां से भाग जाना चाहता हूँ,
कोई अच्छा बहाना चाहता हूँ।

*आतिश-फ़िशां: ज्वालामुखी

सतत अनवरत अन्वेषण

सतत अनवरत अन्वेषण से, आकस्मिक भी मिल जाता है,
जैसे रत्नाकर के भीतर, अद्भुत मोती मिल जाता है।

न्यूटन ने क्या सेब फलों पर,
वर्षों-वर्ष तपस्या की थी?
या फिर एडिसन की काया,
पानी में डूबी रहती थी?
वाल्मीकि ने पद्य रचे क्या
क्रौंच दया पारंगत होकर?
था यह बस 'Eureka! का पल,
नित प्रयास में निष्फल होकर।
नयन-नरेन निरंतर खोजे,
परमहंस भी मिल जाता है,
सतत अनवरत अन्वेषण से...

प्राची से प्रतीची तक जैसे,
प्रौढ़ प्रभाकर हो जाता है,
प्रतिभा का चंचल मृग गजधर,
अविरत चलकर हो जाता है,
मिल जाता है लक्ष्य, निरन्तर
थककर भी न रुकने से।
तम के महत्तम पर ही रूपक,
दीपज्योति से खिल जाता है

सतत अनवरत अन्वेषण से,आकस्मिक भी मिल जाता है,
जैसे रत्नाकर के भीतर,अद्भुत मोती मिल जाता है।

अच्छे लोग

दुनियादारी, तिकड़मबाजी, तीन-पांच से बचते लोग,
'सीधे' 'भोले' 'बुद्धू' 'मूरख' कहलाते हैं अच्छे लोग।

इनको 'ना' कहते न आता,
'हाँ' कहते संकोच लगे,
इनके नैतिक नियत अहम को,
मदद मांगते मोच लगे।
करते हैं निष्काम कर्म,
और गुमनामी में घुटते लोग।
'सीधे' 'भोले' 'बुद्धू' 'मूरख'
कहलाते हैं अच्छे लोग।

स्मित मुख, दीप्त नयन,
सधी चाल और मृदु वचन,
जेबों में आदर्श डालकर,
करते सबका अन्वेषण।
उत्सव के उल्लास में इनको,
शामिल करते डरते लोग।
'सीधे' 'भोले' 'बुद्धू' 'मूरख'
कहलाते हैं अच्छे लोग।

कातरता, कायरता लक्षण,
कहलाता है अब अच्छापन,
जो अलग चलें,वृक्ष से तने,
काटे जाएं नित्य अकारण।
अकर्मण्य मिलते अब 'रूपक'
अच्छेपन में लिपटे लोग।
'सीधे' 'भोले' 'बुद्धू' 'मूरख'
कहलाते हैं अच्छे लोग।
'सीधे' 'भोले' 'बुद्धू' 'मूरख'
कहलाते हैं अच्छे लोग।

डेढ़ सयाने

कहीं सफर में आते-जाते, अनजाने जज़्बात जगाते,
बिना बात की बात बनाते, मिल जाते हैं डेढ़ सयाने।

डेढ़ सयाने बतलाते हैं,
हमको क्या-क्या ज्ञात नही है,
क्या करने की कुव्वत अपनी,
और किसकी औकात नही है।
सब्ज़ बाग़ सपनों के सुंदर,
दिखलाते है डेढ़ सयाने।
बिना बात की बात बनाते,
मिल जाते हैं डेढ़ सयाने।

इनने नाप रखी है पृथ्वी,
अपनी वृहद डेढ़ टंगड़ी से,
और सारा आकाश
उठा रखा है एक छोटी उंगली से।
दुविधा ग्रसित, चकित चिंतित को
और छकाते डेढ़ सयाने।
बिना बात की बात बनाते,
मिल जाते हैं डेढ़ सयाने।

जब तुमको हर बात पता है,
फिर क्यों नही शिखर पर जाते?
क्यों बैठे हो मार्ग रोककर,
पथिकों के रोड़े अटकाते।
सबकी सही राह, और मंज़िल,
'रूपक' रुक मत, रहो सयाने।
बिना बात की बात बनाते,
मिल जाते हैं डेढ़ सयाने।

उनका रुधिर उबलता होगा?

करतल ध्वनि, ललायित चेहरे, मनस पटल पर चलता होगा,
जो इतिहास मिटाते लिखते, उनका रुधिर उबलता होगा?

क्या विक्षुब्ध न होते होंगे?
भाग्य-भाग्य न रोते होंगे?
या फिर देन ईश की कह दूँ,
वो विशेष ही होते होंगे,
किस टकसाल ढले? किस धातु?
जिनका सिक्का चलता होगा,
जो इतिहास मिटाते लिखते,
उनका रुधिर उबलता होगा?

अवरोही अवलोकन कर्ता,
करता चित्र शिखर संदर्भित ,
कैसे मानूँ उसी कथा को,
जिसका सारगर्भ ही गर्वित;
अर्पित कर दूँ तर्क मैं;
ताकि न प्रतिमान हो किंचित विचलित,
या कुतर्क में झोंक रहा हूँ,
सत्य न हो जिससे परिलक्षित,
"निर्विचार" कर फिर विचार,
क्या उदर कण्ठ तक जलता होगा?
जो इतिहास मिटाते लिखते,
उनका रुधिर उबलता होगा?

नहीं जपूँगा तेरी माला ,
क्यूँ पदचिह्न चलूँ तेरे,
क्या ये सब इसलिये किया था
ताकि क्लोन बनें तेरे,
मुझे अँधेरे में रहने दो,
कहने दो हत-उत्साहित,
क्या उत्साह है गाने में
पर-शौर्य कथा होकर विक्षिप्त,
मुझसे न सँभले तेरा यश,
तुझसे कहाँ सँभलता होगा।
जो इतिहास मिटाते लिखते,
उनका रुधिर उबलता होगा?

तुम मुझसे 'यलग़ार' न कहना,
तार-तार उत्तर दूँगा,
कीर्तिमान हो! तू महान हो!
मैं प्रचार भर कर दूँगा,
भर दूँगा मैं कान उन्ही के,
जीत तुम्हारी जीते जो,
मैं नैपथ्य करूँ पुरुषार्थ,
वो करतल मुदित भले न हो;
पथ,प्रशस्त, आश्वस्त न होगा,
'रुपक' जिस पर चलता होगा,
जो इतिहास मिटाते लिखते,
उनका रुधिर उबलता होगा?

प्यारा सा बचपन

लगता है ज्यों कल ही खिला था,
बंद कली सा जो सिकुड़ा था,
पंखुड़ियों पर पड़ी ओस पर,
चंचल रविकर चमक उठा था,
सात रंग की विभा समेटे,
माँ के आँचल में सिमटा था,
वो मेरा प्यारा सा बचपन,
पावस सा लुकता छिपता था।

नहीं मिला जब कोई बहाना,
मजबूरी थी शाला जाना,
वहाँ पहुँचकर याद किसे घर,
बातें,मस्ती, गाना, खाना,
लेकिन कर्कश घण्टी सुनकर,
छड़ी तले पढना पड़ता था।
वो मेरा प्यारा सा बचपन,
पावस सा लुकता छिपता था।

गल्ती की गुंजाईश भी थी,
हल्की सी समझाईश भी थी,
तब अंधी घुड़दौड़ नही थी,
अपनी अपनी ख्वाहिश भी थी,
ख़्वाब ख़्वाब जैसा होता था,
बचपन बचपन सा दिखता था।
वो मेरा प्यारा सा बचपन,
पावस सा लुकता छिपता था।

थोड़ा चुप रहना सीखा था,
वक़्त पड़े कहना सीखा था,
ज़िद की हद के अंदर हमने
धैर्यवान रहना सीखा था,
नाक-जेब संबंधहीन थे,
फिर भी मित्रों का जत्था था,
वो मेरा प्यारा सा बचपन,
पावस सा लुकता छिपता था।

जन्मजात अब बच्चे धावक,
पालक संज्ञा देते "शावक",
"सीखो नहीं" शिकार करो बस,
पर पीड़ा ही तेरा मानक;
भरी भीड़ 'रुपक' ने देखा,
हर बच्चा था डरा-डरा सा।
उम्मीदों की चिलचिल ग़र्मी
पावस का उन्माद कहाँ था,
और मेरा प्यारा सा बचपन,
पावस सा लुकता छिपता था।

बड़प्पन बचपनाने लग गया

चटकती चट्टान,
चिल-चिल चमकती चिंगारियाँ,
धधकती सी धूप,
धूल-धूसरित सी धारियाँ,
चिड़चिड़ा सुनसान रस्ता
बड़बड़ाने लग गया,
ग़र्म मौसम धूल से
साज़िश रचाने लग गया,
बूँद वाले बारिशी
गीले ग़लीचे बिछ गये।
फ़र्ज़ में बाँधा बड़प्पन
बचपनाने लग गया।

आँख के मोती छिटककर
बूँद बारिश बन गये,
बेबसी के बहाने फिर
छतरियों से तन गये,
सोच का 'आवारापन'
जब सर उठाने लग गया,
फ़र्ज़ में बाँधा बड़प्पन
बचपनाने लग गया।

कोरी मिट्टी की महक
या बजबजाती नालियाँ,
मूसलों सी धार
छप्पर पर बजाती तालियाँ,
भद्र,समुचित,संतुलित
जब बड़बड़ाने लग गया,
फ़र्ज़ में बाँधा बड़प्पन
बचपनाने लग गया

भीग जाने की ख़ुशी,
कुछ याद आने की ख़ुशी,
ख़ुद-ग़रज में बुना पिंजड़ा
टूट जाने की ख़ुशी,
ज़िंदगी के गीत 'रुपक'
फिर सुनाने लग गया,
फ़र्ज़ में बाँधा बड़प्पन
बचपनाने लग गया।

अवकाश क्यों नहीं लेते तुम?

खिड़की से देखा तो सूरज
डूब रहा था पर्वत में;
मैं भागा झटपट उस ओर,
सवार हवाओं के रथ में;
रोक कहूँगा आज न जाओ,
डर लगता है अँधेरे में;
आज करो आराम,
रुको न कुछ दिन मेरे बसेरे में;
कल प्रभात से मैं कह दूँगा,
पेट दर्द है लेटे तुम;
कभी कभी कुछ ऐसा कह,
अवकाश क्यों नही लेते तुम?

मन सूना-सूना होता,
जब शाम धुँधलका लगता है;
अंबर ताल भरा मोती,
आँखो से छलका लगता है;
ठगता है साया तक,
लगता जैसे कोई घूर रहा;
लगता चाँद शराबी,
सारी रात नशे में चूर रहा;
ऐसे लापरवाह श्रमिक को
कार्यभार क्यों देते तुम?
कल प्रभात से मैं कह दूँगा,
पेट दर्द है लेटे तुम;
कभी कभी कुछ ऐसा कह,
अवकाश क्यों नही लेते तुम?

आज डपट कर आएंगे,
जब चाँद करेगा मनमानी;
तभी चमक उठना,
जब करता हो कोई कारस्तानी;
शैतानी की सज़ा
चुकानी होगी उसको ये कहकर;
उम्मीदों से भरा रखेगा,
वो हर पल रोशन रहकर;
क्यों शीतल जल छोंक लगाते,
इतना तेज समेटे तुम?
कल प्रभात से मैं कह दूँगा,
पेट दर्द है लेटे तुम;
कभी कभी कुछ ऐसा कह,
अवकाश क्यों नहीं लेते तुम?

मुझे प्रभाकर बोला हँसकर,
अब अंबर सिंदूरी है;
समय इशारा करता,
मेरा जाना बड़ा ज़रूरी है;
अंगूरी सपनों के ये फल,
नीद खुले पर खट्टे हैं;
खुशियों की डाली पर बैठे,
मुश्किल के तिलचट्टे हैं;
उड़कर सर पर ही बैठें,
ग़र वक्त रहे न चेते तुम;
'रूपक' पूछ रहा खुद से-
"क्या तिलचट्टों के चहेते तुम?"
कभी कभी कुछ ऐसा कह,
अवकाश क्यों नही लेते तुम?

जीवन भर के मित्र

रचने वाले ने रच डाली, दुनिया बड़ी विचित्र,
रिश्ते नाते पल दो पल के, जीवन भर के मित्र।

कष्ट समेटे रहना मुश्किल,
मन की बातें कहना मुश्किल,
छिन में हो मन में हल्कापन,
रहें यार जो ग़म में शामिल,
रहे साफगोई बन जाते,
कलुषित वचन पवित्र।
रिश्ते नाते पल दो पल के,
जीवन भर के मित्र।

कभी खींचते टाँग,
कभी दुखती रग हाथ लगाते,
वही हँसाकर बेदम करते,
बेदम वही रूलाते,
कभी ठिठोली बात-बात पर,
बिना बात के ठट्ठे,
कभी इकट्ठे बेसुध होना,
फँसना कभी इकट्ठे,
बिगुल फूँक फिर कभी बचाना
चेहरा,चाल,चरित्र;
रिश्ते नाते पल दो पल के
जीवन भर के मित्र।

जिन हाथों में कही,
लकीरें नही दोस्ती वाली,
वही हाथ ताली दे गाते,
कसमों की कव्वाली,
हर डाली में फूल याद के,
पत्तों बिन हरियाली,
'यही' बनाया,'यही' बनाया,
जब जी करो जुगाली;
भीना भीना इत्र समेटे,
स्मृतियों के चित्र।

रचने वाले ने रच डाली, दुनिया बड़ी विचित्र,
रिश्ते नाते पल दो पल के, जीवन भर के मित्र।

पुराने यार जब मिलते हैं

मुझे अच्छी नहीं लगती, तुम्हारी मद भरी बातें,
पुराने यार मिलते हैं, तो इठलाया नहीं करते।

तुम्हारी एक cutting coffee,
हमारा एक समोसा ही,
ये बंगले, कार, शोहरत,
बढ़ के दिखलाया नहीं करते।

ठहाके दफ़्न दिल में,
और हंसी भी गुमशुदा सी थी,
न ग़ुज़रा वक्त लौटेगा,
बड़ी लंबी उदासी थी।

मिलो तो बेख़याली से,
अबे! के बाद गाली से,
गले मिलते, खुले दिल से,
ठहाके, शोर, ताली से।

तकल्लुफ़ तल्ख़ लगता है,
तआरुफ़ हर्ज़ लगता है,
थे जिनसे बेशरम
अब उनसे शरमाया नहीं करते।
पुराने यार मिलते हैं...

छपे होगे कही पर तुम,
बने होगे कहीं साहब,
बला की हूर पाई हो,
या अब भी फिर रहे बेढब।

मुझे यादों की चाहत है,
पुराने हम, पुराने तुम,
वहां किस काम का Google,
जहां गलियों में होना ग़ुम।

ये माना पेट बाहर है,
है बालों में सफ़ेदी भी,
मग़र किस्से जवाँ हैं,
तब तो सकुचाया नहीं करते।
पुराने यार मिलते हैं...

पता है हम मिलेंगे,
आज की ज़ंज़ीर में जकड़े,
किताबी फूल मिलते जैसे,
सूखे, जड़ों से उखड़े।

महक फिर भी वही होगी,
भले ताज़ा नही होगी,
उसे घर छोड़ कर मिलना,
जो ग़म-खुशियां सही होंगी।
तम्हारा नाम 'रूपक'
जो लड़कपन में बिगाड़ा था,
कहें तो यार!
Business Card
दिखलाया नही करते।

मुझे अच्छी नहीं लगती, तुम्हारी मद भरी बातें,
पुराने यार मिलते हैं, तो इठलाया नहीं करते।

खिचड़ी वाला मेला

खिचड़ी वाला मेला, लगता था हर साल जहाँ;
गगन चूमता, चमचम करता, नया बन गया मॉल वहाँ।

मेले में एक इंतज़ार था,
सब्र का मीठा फल था वो,
मॉल में एक बेचैनी सी है,
आज परोसा कल का ज्यों।
धक्का-मुक्की, हंसी ठिठोली,
सबसे बोली, सबसे मेल;
भूल-भुलैया, मिट्टी-धूल,
कीचड़,कुत्ते, रेलम-पेल।
कंघी, बटुआ, लाई-लड्डुआ
धन का मायाजाल कहाँ।
खिचड़ी वाला मेला...

मॉल कराता भेद, जताता,
किसकी क्या औकात नहीं,
ब्राण्ड बड़ा तो, बड़ा आदमी,
बड़ी सोच या बात नही।
रजतपटल के स्वर्ण द्वार में,
अंदर बैठे अहंकार में,
सुन्न संवेदी निर्विचार में,
आडम्बरी आकण्ठ उधार में,
बचपन के वो यार कहाँ
खिचड़ी वाला मेला...

क्या अब फिरसे लग पायेगा,
खिचड़ी वाला वैसा मेला,
जिसमें कोई अकिंचन न हो,
न ही कोई फिरे अकेला,
बालसुलभ गुदगुदी प्रतीक्षा,
दिन के बढ़ जाने की इच्छा,
कागज़ के रंगीन खिलौने,
परंपरागत नैतिक शिक्षा।
'रुपक' App है ऐसा कोई,
हों Install वो साल जहाँ,
खिचड़ी वाला मेला,
लगता था हर साल जहाँ;
गगन चूमता, चमचम करता,
नया बन गया मॉल वहाँ।

युवा

अग्नि से अगन,नदी से
धार माँगते युवा,
हो चुका बचाव,
अब प्रहार माँगते युवा।
धैर्य धर्म धर चुके,
कर चुके कर-याचना,
कर चुके कटाक्ष,कष्ट,
कण्टकों का सामना,
दब रही पुकार तो
हुंकार माँगते युवा।
हो चुका बचाव
अब प्रहार माँगते युवा।

एक पंथ,एक राह,
एक लक्ष्य,एक मन,
अब नहीं रहा ये
प्रश्न-ए-जीवनमरण
मोङ पर विचार कर
पुकार माँगते युवा।
हो चुका बचाव
अब प्रहार माँगते युवा।

बाहुबल मनस पटल
सभी तरह समर्थ हैं
आज के युवा
अबूझ गुत्थियों के अर्थ हैं,
एक न 'रूपक' यहाँ,
हज़ार माँगते युवा.
अग्नि से अगन,
नदी से धार माँगते युवा,
हो चुका बचाव
अब प्रहार माँगते युवा।

आज के युवा का जीवन: कवित्त

आज के युवा हैं 'cool', रातरानी वाले फूल,
उषाकाल लालिमा का बस चित्र देखा है;
पढ़ते पचास पोथी, अंग्रेज़ी वाली वो भी,
फिर भी अँगूठा फ़ोन पर धर बैठा है।

नैन में चुभे हैं शूल, जैसे आंधियो की धूल,
उल्लूओं के मित्र, चमगादड़ों के नेता हैं;
चलते हैं पग चार, नापते हज़ार बार,
सारा संसार फुल्ल HD में देखा है।

टीवी के बिना न जाये, हलक में कौर चार,
दाल में सना रिमोट, चोट खाये बैठा है,
सेल्फी की धुन में न सुध-बुध सेल्फ की,
इनका आत्मज्ञान बस 1 GB डेटा है।

एक थे युवा नरेन, तड़पे पिपासु नैन,
गुरु की तलाश में, मन परेशान था,
एक हैं युवा हमारे, रमणी-प्रणय मारे,
सॉरी-सॉरी बोलकर दिल हलकान था।

एक कम चालीस में विश्व गुरु चल दिये,
भारत के भूत से भविष्य का गुमान था;
भूत जैसा कट रहा, आज के युवा का जीवन,
'रूपक' युवा-दिवस का क्या ये आह्वान था?

सब अपने-अपने गाँव चले

ग़म खाकर, गुस्सा पीकर, जब पेट भरा तब पाँव चले,
अपने-अपने घाव लिए, सब अपने-अपने गाँव चले।

निश्चल मन का स्वप्न नही था,
यूँ नितांत निर्वासित होना,
दो स्थानों में बँट जाना,
निज तन से निष्कासित होना
स्वेद समाहित अश्रु गिरे थे,
दिखे न सबको भाव भले।
अपने-अपने घाव लिए,
सब अपने-अपने गाँव चले।

न प्रभात का अर्घ्य दिया,
न संध्या बाती भजन सुना,
न आँगन की खाट धँसा,
न खाया ताज़ा पका भुना
कीट पतंगों तिलचट्टों सा,
यापन करने किस चाव चले?
अपने-अपने घाव लिए,
सब अपने-अपने गाँव चले।

सारे उत्सव, सारे सुख दुख
मृगतृष्णा की भेंट चढ़े,
जलते-बुझते नयन पिपासु,
घन बरसे या जेठ चढ़े,
विषुवत वन के पादप जैसे,
शीतोष्ण में जलें गलें
अपने-अपने घाव लिए,
सब अपने-अपने गाँव चले।

पथिक पलायन पीड़ाप्रद पर,
पुनर्वास पर प्रश्न प्रचुर हैं,
तब नियति निष्ठुर थी,
अब अवसरवादी नीयत निष्ठुर है।
निज निर्भर, निजता प्रियतर,
'रूपक' खग नीड़ पड़ाव चले।
अपने-अपने घाव लिए,
सब अपने-अपने गाँव चले।

बाकि दिन बकवास?

कैसे लिख दूं 'नारी-दिन' पर, शिष्ट, सुसंस्कृत, ख़ास,
एक दिवस की सभ्यता, बाकि दिन बकवास?

आज तिरस्कृत कर रहे,
कपटी, लंपट, ट्रोल
क्रोध भरे अपशब्द में,
माता-भगिनी घोल;
खोल रहे उर-द्वार ज्यों,
अंतस पावन-स्वच्छ,
कल फिर होंगे नैन के,
विचलित करते लक्ष्य,
नब्बे डिग्री नत खड़े,
ले कृतज्ञ अहसास।
एक दिवस की सभ्यता...

न होंगे कल फोन में,
चटख चुटकुले चार?
बिना ध्वनि चलचित्र का,
न होगा व्यवहार?
न होंगी क्या श्रेणियां,
सार्वजनिक और सुप्त,
या न होंगी ऐश्वर्य की,
परिभाषाएं गुप्त?
न होंगी स्वछंद कुछ,
अभिलाषायें खास?
एक दिवस की सभ्यता...

कसे न जाएंगे पुनः,
मंद-मति के तंज ?
बुद्धि और सौन्दर्य पर,
दुखी पुरुष के रंज?
कृष-काया पर फब्तियाँ,
भारी पर परिहास,
नख-शिख तक पर टिप्पणी,
रूपवती की आस।
विवश न हों श्रंगार को,
मन में हो मधुमास,
एक दिवस की सभ्यता...

चोट न खायेगा अहम,
लचकेगा पुरुषत्व?
श्वसुर, पिता, या पति में,
सम होगा पितृत्व?
मानदण्ड की वेदियां,
अग्नि-शुद्धि की शर्त,
होंगे क्या आहूत अब,
इन पर भी सब मर्द?
अभिमानी को क्षम्य है,
निकले अगर भड़ास
एक दिवस की सभ्यता...

ऋजु कोण के चक्र पर,
नर-नारी का नाम,
गतिमान है चक्र तो,
जीवन है अविराम,
चक्र धुरी सम्मान है,
नैसर्गिक और नित्य,
संकेतो से बहुत परे,
आदिकाल का सत्य।
शक्ति आदि और अंत है,
'रूपक' को आभास।

कैसे लिख दूं 'नारी-दिन' पर, शिष्ट, सुसंस्कृत, ख़ास,
एक दिवस की सभ्यता, बाकि दिन बकवास?

पर्यावरण का पतन

गुम कही दूर कोने में,
पर्वत की चट्टानों पर,
सुन मधुर बांसुरी का स्वर,
गौ के खुर की तानों पर।
जब लगे लौटने घर को,
ढँककर विहंग अम्बर को,
यह देख किया दीपक ने,
जाज्वल्यमान घर-घर को।

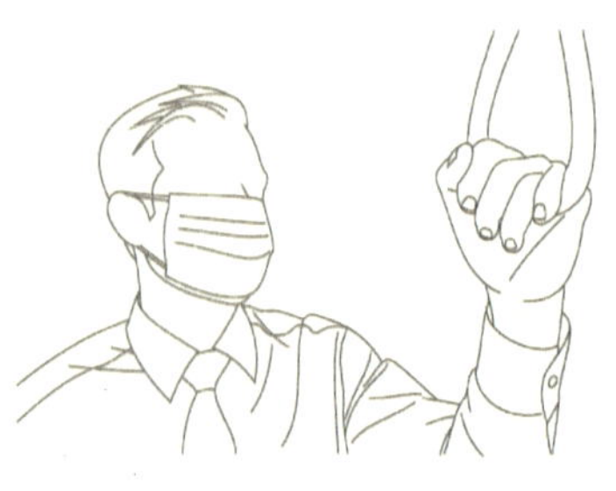

नव-दिवस पुनः रविकर ने,
झाँका तरु की झुरमुट से,
सब उठे त्याग फिर शैया,
सुन वेणु हरि के पुट से।
प्रकृति की यह रमणीयता,
नेत्रों में रस सा घोले,
फिर मूँद लोचनों को मन,
रस पीता होले-होले।

तंद्रा को तोड़ अचानक,
एक तीव्र तीर चुभता है,
जब वाहन का कोलाहल,
दो कर्णो में घुसता है।
नयनों के रस में विष सा,
बस धुँए-धूल का हमला,
रिस-रिस कर बिंधता जाता,
अवसाद रोग का गहरा।

पोषण में भी है शोषण,
सब खाद्य रसायन सिंचित,
बर्गर, पिज़्ज़ा से बच्चे,
स्थूल, सुस्त, अविकसित।
क्यों थल पर जल का है अभाव,
क्यों चिटकी भूमि का कटाव,
इन व्यथित भयातुर चेहरों पर,
आ पाते क्यों न सहज भाव।

मुर्गी-अंडे की गाथा,
है दवा और बीमारी,
बनती जाती औषधियाँ,
बढ़ती जाती बीमारी।
प्रकृति प्रदत्त पादप में,
सब रोगनाशकी लक्षण,
किन्तु उपहास बनाते,
यदि जी लो सादा जीवन।

कैसे विचित्र हम मानव,
बस आत्मनाश अभिलाषी,
अनवरत लड़ें प्रकृति से,
बनने को भोग-विलासी।
और अंतकाल सब पाकर,
जीते निर्धन सा जीवन,
अक्षम अशक्त काया और,
बस दो रोटी का भोजन।

'रूपक' अलभ्य लगती अब, सरिता तट वाली निजता,
है बहुत यदि रह जाये, वह जल, वह तट, वह सरिता।

न भूतो, न भविष्यति

न भूतो, न भविष्यति, था ये ऐसा साल,
नए दशक का शुभारंभ है, अब न रहे मलाल।

है ब्रह्मांड अनंत, अपरिमित,
पृथ्वी बस एक कण
उस कण के सहस्त्र जीवों में,
हम हैं मनुज कृपण,
कोटि-कोटि वर्षों में,
कुछ सौ सालों का वर्चस्व,
उस पर इतना अहम,
स्वयं को समझें हम सर्वस्व।
घुटनों पर आ गिरे,
प्रकृति ने ज़रा फुलाया गाल
न भूतो, न भविष्यति...

जैसे एक हठी बालक की,
ज़िद माता सहती है,
किन्तु सनद में उसके हित की
चिंता ही रहती है,
धरती भी कालांतर में
यूँ चेताती रह-रह कर,
फिर उद्दंड कृत्य पर करती
वार क्रोध को सहकर।
त्रुटियों से लो सीख कि,
संकट आये नही अकाल
न भूतो, न भविष्यति...

हम मनुष्य एक जीव,
हज़ारों जीव हैं इस धरती पर,
चक्र समय का तीव्र करो न,
सह-अस्तित्व भुलाकर,
निज मति का उपयोग
अनर्थक दोहन में कर लेना,
लेन-देन के नियम ध्यान में
रखकर कुछ डर लेना,
वापस तो लेगी प्रकृति,
'रूपक' यह रहे ख़याल।
न भूतो, न भविष्यति
था ये ऐसा साल,
नए दशक का शुभारंभ है,
अब न रहे मलाल।

प्रलय की प्रतीक्षा में

फिरसे लोग फूटेंगे
अंकुरों की तरह,
उग आयेंगे यहाँ-वहाँ
कुकुरमुत्तों की तरह,
लटक जाएंगे ऊँचाइयों पर
छत्तों की तरह,
फैल जाएंगे हर ओर
खर-पतवार की तरह।

निकल पड़ेंगे
सरीसृप, उभयचरों जैसे,
जब आषाढ़ में चिटकी धरती पर,
गिरेंगी सावन की पहली बूंदे,
और आएगी सौंधी सुगंध।
जैसे पानी की खोज में
रोज़ निकलते हैं,
चीतल, हिरण और बारहसिंगे
तेन्दुए और बाघ से
बचते-लड़ते-मरते,
निकल पड़ेंगे
पेट, हृदय या आत्मा के लिए।

वो उठा देंगे उंगलियां
अपने बगल वाले पे,
जो लाया था
सुनामी,प्रलय, भूकंप, महामारी,
मैं तो बस लाया था
अपने हिस्से का सुख,
जब खोद रहा था
पड़ोसी हमारी क़ब्र।

जब सड़कें सुनसान थी,
विचर रही थी
हमारी अदृश्य कुढ़न,
अब सड़कें हो गई हैं आबाद,
और कुढ़न
दुबक गयी है कमरे में।
भटकेंगी फिरसे सशरीर आत्माएं,
अगले प्रलय के आने तक,
हर नई पीढ़ी,
लाएगी प्रलय शीध्र,
और बढ़ जाएगी आगे शीघ्रतम।

दीनदयालु धवल योद्धा

कुंठा के नैराश्य कूप में, पुंज प्रकाशित प्रबल योद्धा
मनुज रूप में देवतुल्य सा, दीनदयालु धवल योध्दा।

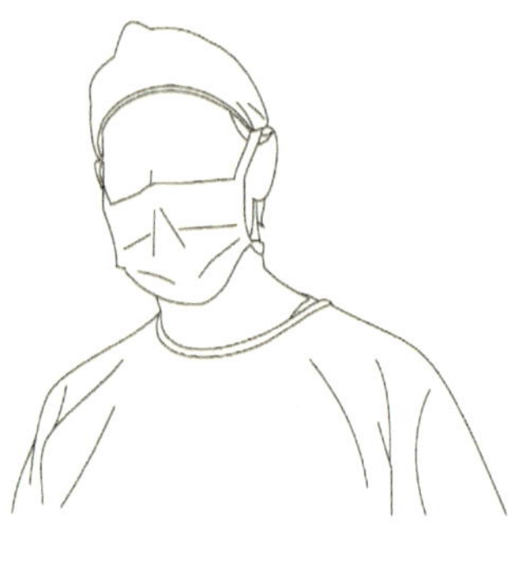

मानवता के मूर्त रूप को,
कदम ताल करते देखा है,
हाँ मैनें भी श्वेत वस्त्र में,
जीवन को चलते देखा है।
देखा है मादक रातों का,
सहसा मर्मांतक हो जाना,
निज-विलास से ऊपर उठकर,
मानव का रक्षक हो जाना;
भय के भीषण अंधकार में,
दीप-ज्योति सा अटल योद्धा।
मनुज रूप में देवतुल्य सा,
दीनदयालु धवल योध्दा।

लोभी, मोही, दर्पी, द्रोही,
चरणों में गिरते देखा है;
पश्चतापी अश्रु-धार से,
गागर को भरते देखा है।
देखा है उस अंतिम क्षण में,
अहं ब्रह्म का भ्रम खो जाना,
निज-सत्यापित शार्दूलों का,
नयन झुकाये मृग हो जाना;
भेद-भाव से परे समर्पित
पर पीड़ा में सजल योद्धा।
मनुज रूप में देवतुल्य सा,
दीनदयालु धवल योध्दा।

शावक के नख-दन्त,
विषधर के विष को चढ़ते देखा है,
रोगी के आरोग्य चरण में,
दम्भ दग़ा करते देखा है।
देखा है उन कम्पित हाथों को,
सहसा बाहुबली बन जाना,
कूबड़ काढ़े कर-बद्धों का,
अकड़-अकड़ लड़ना तन जाना;
यश-अपयश से परे हैं 'रूपक'
सतत, समर्पित, सफल योद्धा।
मनुज रूप में देवतुल्य सा,
दीनदयालु धवल योध्दा।

कुंठा के नैराश्य कूप में, पुंज प्रकाशित प्रबल योद्धा
मनुज रूप में देवतुल्य सा, दीनदयालु धवल योध्दा।

काल के कपाल पर निशान माँगता मिला

काल के कपाल पर निशान माँगता मिला,
'हल' पटक के 'हल' कोई किसान माँगता मिला।

हाथ हाथ से मिले,
मगर वो कौम बन गये,
जो जुड़े थे शक्ति को,
विरक्ति को उफन गये,
चमन हुए उजाड़,
झाड़ द्रोह के उगे वहाँ,
जहाँ थी चाह वस्त्र की,
शस्त्र और कफन गये।
शब्द तीर वो लिए,
कमान माँगता मिला।
काल के कपाल पर
निशान माँगता मिला...

हाड़-माँस का शरीर ,
वर्ग-वर्ण बन गया,
दर्द से डिगा नही,
कथन से भाल तन गया,
बन गया असत्य तथ्य,
दुर्दशा दिशा बनी,
'समूह' 'झुंड' बन गया,
'बयान' बन 'वचन' गया,
चला था 'घर' की चाह में,
'मकान' माँगता मिला,
काल के कपाल पर
निशान माँगता मिला...

कौन माँग कर रहा?
कहाँ पर आग लग गयी,
सिगार सा धुआँ उठा
कि बस्तियाँ भभक गयी,
दुबक गयी है फिर पुकार,
हार कर हुंकार से,
पेट हँस रहा कि भूख
किस गली खिसक गयी?
मिट्टी का बुत, अपने लिए
मैदान माँगता मिला।
'रुपक' हदों को तोड़ती,
उड़ान माँगता मिला।

काल के कपाल पर निशान माँगता मिला,
'हल' पटक के 'हल' कोई किसान माँगता मिला।

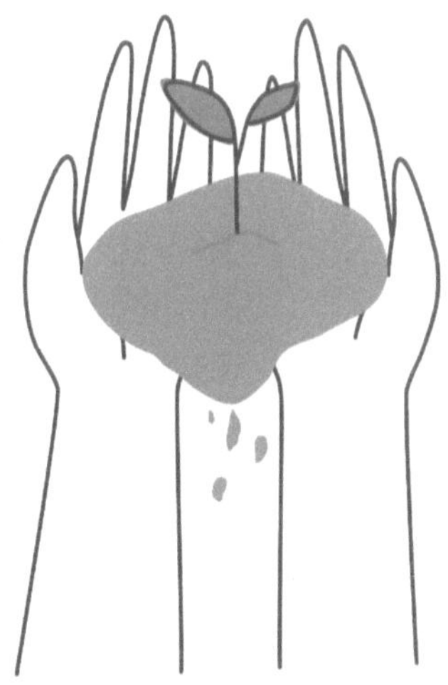

संविधान ही रक्षक है

विविध धर्म, परिधान, बोलियाँ, एक सूत्र का बंधक है
भारत जैसे जटिल राष्ट्र का, संविधान ही रक्षक है।

मील-मील में बदले बोली,
पाँच मील में पानी,
सबकी अपनी रीति-नीति,
सब चाहें मनमानी;
कहें कहानी अपनी सब,
अपना राग अलापें,
पूज्यनीय वह संविधान,
जो इतना अन्तर बांधे।
यह अनेकता जितनी मोहक,
उतनी ज़्यादा घातक है,
भारत जैसे जटिल राष्ट्र का,
संविधान ही रक्षक है।

कई विविध हैं देश विश्व में,
जलवायु, संस्कृति पृथक,
किन्तु नही निरपेक्ष धर्म का,
कोई राष्ट्र ऐसा रक्षक;
वहाँ अलग चाहे प्रदेश,
पर राष्ट्रवाद से पूरित हैं,
यहां भावना भय की,
सब हैं भिन्न, सभी उद्वेलित हैं।
सबकी बातें मान,
मान रखने वाला यह साधक है,
भारत जैसे जटिल राष्ट्र का,
संविधान ही रक्षक है।

भावुक होकर अश्रु बहाना,
सुमन समर्पण कर देना,
कह देना 'जय हिंद',
पदक के तारे अर्पण कर देना,
सेना के सम्मान शौर्य की,
गर्व से गाथा गा लेना,
किन्तु जो निज हो कष्ट,
उसी प्रहरी पर लट्ठ बजा लेना।
यह स्वतंत्रता देने वाला,
एक मात्र अनुमोदक है,
भारत जैसे जटिल राष्ट्र का,
संविधान ही रक्षक है।

नाहक न निराश हो जाना,
धैर्य-धर्म-व्रत न्यायोचित
दुर्योधन, शिशुपाल, कंस को,
अवसर देना रहा उचित,
विदित विश्व को कैसे होता,
धर्मी कौन ? विधर्मी कौन?
यदि मौन-व्रत रखा पहले,
तब तो अब भी रहना मौन।
विचलित मन, फिर भी तटस्थ,
आशान्वित यह 'रुपक' है,
भारत जैसे जटिल राष्ट्र का,
संविधान ही रक्षक है।

आज़ादी का अर्थ

त्याग, तपस्या, बलिदानों की, गाथा को फिर गढ़ना होगा,
आज़ादी का अर्थ, हमें अब नए रूप में पढ़ना होगा।

बहुत सुन चुके दुखद कथाएं,
निर्धनता की, कातरता की,
लुट-पिट कर हंसते रहने की,
थक कर बैठी बर्बरता की,
आतुरता को धृष्ट बताती,
संयम वाली समरसता की;
निर्बल बन संबल पाने की,
लोलुपता से बचना होगा।
आज़ादी का अर्थ,
हमें अब नए रूप में पढ़ना होगा।

पर्व मनाकर रीत चुके तो,
अवलोकन भी हो गल्ती का,
कब तक गाल बजायेंगे हम,
न मिटने वाली हस्ती का,
बस्ती के जल जाने पर,
न जलने वाली एक रस्सी का;
क्षत-विक्षत-आहत रहकर भी,
हमें अनवरत चलना होगा।
आज़ादी का अर्थ,
हमें अब नए रूप में पढ़ना होगा।

राष्ट्र अखण्ड यदि हो जाते,
भूमि के जीते टुकड़ों से,
बार-बार न नोंचे जाते,
चिढ़े हुए ज़ख्मी गिद्धों से;
युद्धों से सब सम होते,
न याचक बनते कर-बद्धों से;
राष्ट्र भाव, मन, वचन, कर्म में,
एकनिष्ठ हो भरना होगा;
आज़ादी का अर्थ,
हमें अब नए रूप में पढ़ना होगा।

आओ अलख जगाएं फिरसे,
भव्य भारतीय स्वाभिमान की,
जाति, पंथ, न धर्म, रंग की,
सबल राष्ट्र के जन महान की,
ज्ञान धरा की, विश्वगुरु की,
आत्म-अर्चना के प्रमाण की;
दीन-हीन-याचक भावों से
'रूपक', सबको डरना होगा।
आज़ादी का अर्थ,
हमें अब नए रूप में पढ़ना होगा।

मुश्किल,हुई मुश्किल

जज़्बाती बुलबुला गया,
नाहक ही चुलबुला गया,
कहने को तिलमिला गया ये दिल,
मुश्किल,हुई मुश्किल,हुई मुश्किल।
उस ओट में उजास थी,
जहाँ अनमनी उबास थी,
बिंदास बदहवास बेमंज़िल,
मुश्किल,हुई मुश्किल,हुई मुश्किल।

चंपाकली के गाँव के
गुलशन में हैं ग़ुलाब,
तेज़ाब आब हो गई,
पानी हुआ शराब,
जुही चाँदनी में जल गई,
सूरज में गई खिल,
मुश्किल,हुई मुश्किल,हुई मुश्किल।

अरमान धूप में पडे,
छत पर सुखाते बाल,
मुँह तल्ख़ियों के है दही,
ख़्वाहिश बनी कव्वाल,
सब टाँट गाँठ बाँध के
जुमला दिया उछाल,
गंभीर,गूढ मंत्रणा,
बनवा रही है WILL,
मुश्किल,हुई मुश्किल,हुई मुश्किल।

बत्तिस तरह के टोटके,
छत्तिस तरह के डर,
आये न वक़्त लौट के,
चौंतिस दफ़ा फ़िकर,
बाइस छटाक के बचे,
आधी बची उमर,
चौबीस घण्टियाँ रहे,
पच्चीस की कसर,
ताने पचास बार के,
सत्रह दफ़ा VIGIL,
मुश्किल,हुई मुश्किल,हुई मुश्किल।

रद्दोबदल के दौर,
बिछाते हुये लपेट,
जल्दी समेट फ़लसफ़े
सब हो रहे हैं Late,
आये ज़माने TWEET के,
पकड़े है तू सलेट,
वो पेट पेट ही नहीं
जिसकी शकल न NET,
झकलेट! फिर भी आ गया,
अनुबंध की चपेट,
'रुपक' हुआ बुरा,
लिया चुरा,किया जटिल,
मुश्किल,हुई मुश्किल,हुई मुश्किल।

मास्क के मज़े और मुसीबतें

मन का दर्पण मुख-कमल,
मुख का दर्पण नैन,
नज़र-नज़र से न मिले,
मन से मिले न बैन।
मुख को मुक्ति मिल गई,
कोरोना के काल,
नैनन की है शिफ्ट डबल,
मन का भी दें हाल।

रोते हैं, या हंस रहे,
काट रहे या प्याज़,
नैन बहाएं नीर तो,
समझ न आये राज़।
मास्क पहनकर नयन जो,
हुए सुर्ख़ और लाल,
नींद, नशा, या क्रोध है,
मन में कठिन सवाल।

पहने थूथन मास्क हम,
एक दिन गए दुकान,
मसनद टिककर सेठजी,
छोड़ें mute अपान।
सभी देखते बगल में,
किसका है विस्फोट,
सबके चेहरे ढंके है,
सबके मन में खोट।

Oyo वाले चकित हैं,
बुकिंग बढ़ रही रोज़,
युगल छुपे हैं मास्क में,
पकड़ेगा अब कौन ?
मधुशाला की पंक्तियाँ,
लंबी होती जाएं,
मास्क लगाए सब खड़े,
डर न कोई सताए।

वैलेंटाइन में युगल,
हर्षित हैं इस बार,
किन्तु लाठी वाला दल,
हो गया बेरोज़गार।
मास्क पहनकर कर लिए,
हर दिन प्रीतिभोज,
होस्टल वाले बैचलर्स,
रोज़ उड़ाएं मौज।
Lakmé और L'Oréal का,
ठप्प हुआ व्यापार,
लिपस्टिक एक न बिक रही,
फीका है श्रृंगार।

कई दिनों से श्वेत हैं,
दफ्तर की दीवार,
गुटखा बने न थूकते,
संकट बड़ा अपार।
नेता घूमें बेधड़क,
भय न कोई सताए,
पहले डर था जनता को,
चेहरा कौन दिखाए ?

आफ़त यह गंभीर है,
देना नहीं है ढील,
2 गज दूरी, मास्क की,
मानें सभी अपील।
वैक्सीन से सेफ हों,
मन न रहे अधीर,
'रूपक' चेहरा फिर दिखे,
बहें ख़ुशी के नीर।

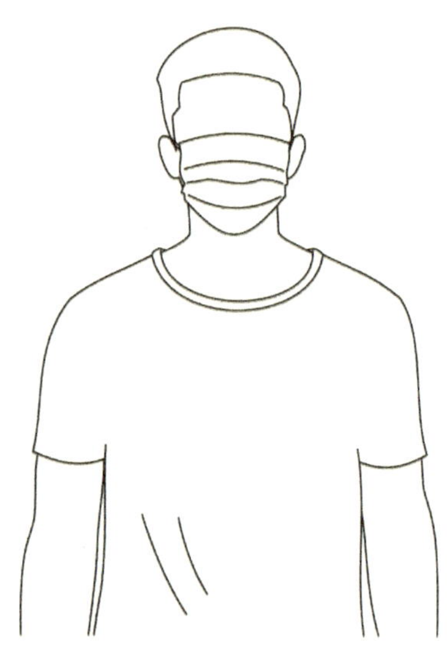

तकनीकी के दासः कुंडलियाँ

नशा करो तो वो करो, लत ही न बन जाये।
चढ़े तो उड़ जाए गगन,उतरे धम्म बजाये।।
उतरे धम्म बजाये, उठे तो सर जा पकड़े।
बोल-वचन युवराज, वसन हो बिखरे चिथड़े।।
कह 'रूपक' कविराय, ज़रूरी बड़ा है नशा।
साधु, साधक, धावक, सभी को चढ़ा है नशा।।

सोशल चैनल का नशा, आँखों से चढ़ जाए।
काँपे मस्तक उंगलियाँ, कुछ न सोचा जाए।।
कुछ न सोचा जाए, करें तो करें और क्या।
गूगल जब है गुरु, और कुछ करें गौर क्या।।
कह 'रूपक' कविराय, नशा यह सबसे लीथल,
सब समाज से कटे, बने फिरते हैं सोशल।।

अमरीका के प्रथम जन, अब बैठे लाचार।
कुछ बोलें ना लिख सकें, बिन मौलिक अधिकार।।
बिन मौलिक अधिकार, कर्मफल कारावासी।
वाणी संयम समझ, दिखायी नहीं ज़रा सी।।
कह 'रूपक' कविराय, रखो संवाद सलीका।
तकनीकी का दास, बना ले न अमरीका।।

ऊँगलियाँ उदास, पाँव पूछते नहीं पता

बिन जली वो बिजलियाँ,
जो तार से लटक रही,
नहर ठहर गयी है प्यास,
भागती सड़्क रही।
ऊँगलियाँ उदास,
पाँव पूछते नही पता,
वो कँपकँपी कपाल की
गाल से ढुलक रही।

डील की दलील में,
दलील के दलाल गुम,
सवाल का पता नही,
जवाब की ढिशुम ढिशुम,
दण्ड,भेद,साम,दाम,
आम आदमी के नाम,
अड़ा रहे यही ध्वजा,
जहाँ प्रजा खिसक रही।
ऊँगलियाँ उदास,
पाँव पूछते नही पता...

बिछ गयी बिसात,
हाथ आ गयी हैं चौपड़ें,
दब गये रिमोट,
ओट में दबे हैं झोपड़े,
उफन रहीं हैं नालियाँ,
खनक रही हैं थालियाँ,
उसे खबर तलक नही,
जिसकी दाल पक रही।
ऊँगलियाँ उदास,
पाँव पूछते नहीं पता...

न हड्डियाँ न पसलियाँ,
ये वर्ग वर्ण जानतीं,
क्षुधा अनल में अँतडि़याँ,
चुनाव में डकारतीं,
देश-देश कर रहे,
जो चुन रहे न लड़ रहे,
'रुपक' लगी निबौरियाँ,
फिर आम की ललक रही।
ऊँगलियाँ उदास,
पाँव पूछते नही पता,
वो कँपकँपी कपाल की
गाल से ढुलक रही।

चलो कमबख़्त हो जायें

हकीकत मार लेती है, चलो कमबख़्त हो जायें,
जताकर प्यार 'लेती है', चलो कमबख़्त हो जायें।

हाँ अक्सर 'ख़ूँ' में खौले हैं ,
शहादत के कई किस्से,
'बनो तारीख़', ऐसी सीख देते,
सुरमयी किस्से,
मेरे मक़सद की खिड़की
पीट आये फिर वही किस्से,
हमें कर ज़ार देती है,
चलो कमबख़्त हो जायें।
हकीकत मार लेती है ,
चलो कमबख़्त हो जायें।

हमें इन सा नहीं बनना,
ये कीड़े हैं मकोड़े हैं,
हमें इंसान नही बनना,
कई ऐसे निगोड़े हैं,
पपीहे प्यास वाले हम,
हाँ दरिया हमने छोड़े हैं,
नदी दुत्कार देती है,
चलो कमबख़्त हो जायें,
हकीकत मार लेती है,
चलो कमबख़्त हो जायें।

जी हाँ कुछ नाम लिखे हैं,
बुतों,सड्कों,मज़ारों पे,
चढे है सूलियों पर,
कुछ गडे ज़िंदा दीवारों में,
मगर एक टीस सी रिसती है,
पत्थर की दरारों में,
बना अख़बार देती है,
चलो कमबख़्त हो जायें।
हकीकत मार लेती है ,
चलो कमबख़्त हो जायें।

किया हासिल तो फिर क्यों,
सिलवटें क़ायम हैं माथे पे,
समाते हाथ में कुछ ही,
खुशी गिर जाती लाते में,
नज़र भर हमने लूटी चाँदनी
अपने आहाते में,
ये 'रुपक' की चहेती है,
चलो कमबख़्त हो जायें,
हकीकत मार लेती है,
चलो कमबख़्त हो जायें।

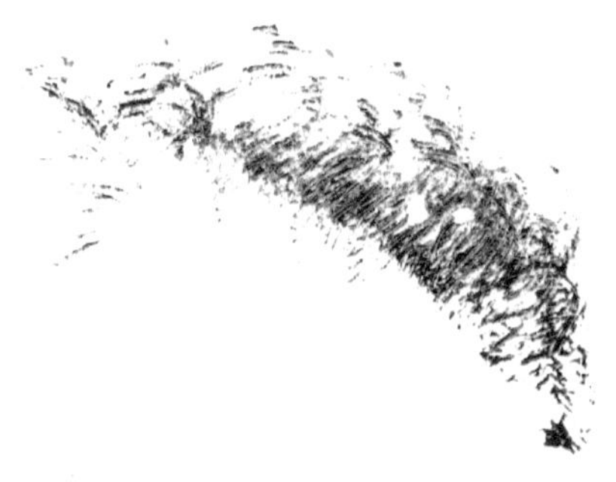

हीलियम के हम ग़ुब्बारे

काँच,कीलें,पिन नुकीले,धूर्त धरती,छत,दीवारें
जल रहे धू-धू अंगारे,हीलियम के हम ग़ुब्बारे।

सब हमें ही ताकते हैं,
साधते हम पर निशाना,
वो ज़माना लद गया ,
आसान था जब पार पाना,
जन्म से वो 'खल' मैं 'नायक',
वो 'कमीने' हम 'बेचारे',
जल रहे धू-धू अंगारे,
हीलियम के हम ग़ुब्बारे।

साँस तक उनकी विषैली,
सुन न लेना बात मैली,
है पहेली चाल उनकी,
पुतलियाँ निर्मम कुचैली,
वो सँड़ाँधी खुले गट्ठर,
हम ज़वाहराती पिटारे,
जल रहे धू-धू अंगारे,
हीलियम के हम ग़ुब्बारे,

कुछ ग़ुब्बारे भी नुकीले,
ज़िस्म उग आयी हैं कीलें,
रंग धूसर,सुस्त उड़ानें,
आ के मेरी ख़ाल छीलें,
भयाशंका, दगा़ शंका,
हवा की नज़रें उतारें,
जल रहे धू-धू अंगारे,
हीलियम के हम ग़ुब्बारे,

ऐ ग़ुब्बारे फूट जाना,
ज़िस्म न पाना नुकीला,
रंग धूसर, सुस्त उड़ानें,
क्षितिज का अरमाँ लचीला,
या कि 'रुपक' उड़ा करना,
आस की डोरी सहारे,
हमको बस दिखते हैं तारे,
हीलियम के हम ग़ुब्बारे।

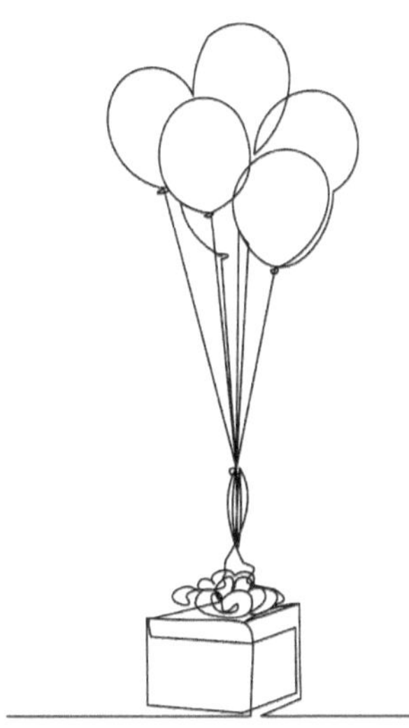

हर मकान ओट ढूँढते न फिरो

कसमसाहट सी,खलबली सी है,
शाम फिरसे धुली-धुली सी है,
रूठ कर लापता हुआ है दिन,
रात कर चुगली,अब भली सी है,
ग़म,गिले,गालियाँ,ग़ुबार,गरज;
ग़ल्तियाँ,गाज,गनीमत,ग़फ़लत,
दिल-दबा-तारूफ़-ए-ज़ुबाँ तो करो,
हर मकान ओट ढूँढते न फिरो।

आज फिर ख़ाक हो गया मक़सद,
और का पाक़ हो गया मक़सद,
नैमतें,नाम,दुआएं लेकर,
ऊपरी ताक हो गया मक़सद।
हो बदी ही सही,
अपनी मर्ज़ी का करो
हर मकान ओट ढूँढते न फिरो।

एक सपना हद-ए-नज़र वाला,
एक जज़्बात पुर-असर वाला,
एक हालात जो जन्नत जैसा,
एक बढा हाथ हो मन्नत जैसा,
इनकी तफ़्तीश में,मातम न करो,
हर मकान ओट ढूँढते न फिरो।

ख़ूब खायी ख़याल की खिचड़ी,
ख़्वाब के हर उबाल की खिचड़ी,
बात से पेट भरा,गफ़लतों की गैस बनी,
हर अधूरे सवाल की खिचड़ी,
भूख भागेगी,सच का कौर भरो,
हर मकान ओट ढूँढते न फिरो।

हम मिसालों के मातहत जीते,
ज़िंदगी काटते फ़क़त जीते,
दासताँ बनने की औकात कहाँ,
दासता की भरे दहशत, जीते।
कर बगावत 'रूपक';
पंख आज़ाद करो
हर मकान ओट ढूँढते न फिरो।

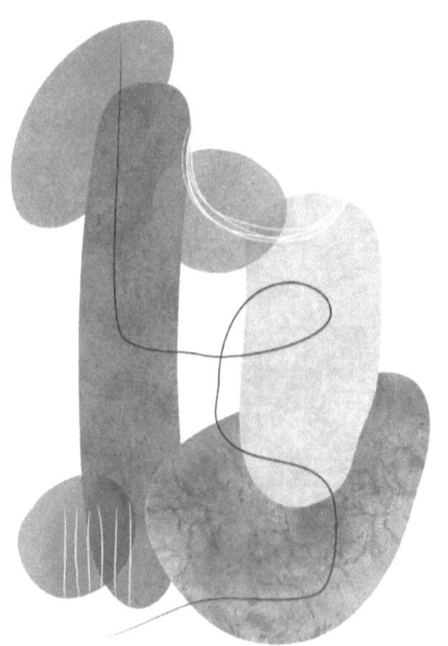

क्यों इतने बेचारे हम?

कभी शराफ़त, कभी मुसीबत,
कभी वक्त़ के मारे हम, क्यों इतने बेचारे हम?

उहापोह में फँसे,धँसे उस मोह में
जिसका ज्ञान नही;
कभी किये समझौते अनगिन,
बिके कही सम्मान नही,
बिफरे-बिफरे फिर भी झेलें,
थू-थू की बौछारें हम,
क्यों इतने बेचारे हम?

जोख़िम के डर,हार की दहशत,
बदनामी की सिहरन में,
चले वही पथ,जहाँ "ग़नीमत",
'स्वप्न','श्वास','स्पंदन' में,
भरी भीड़ में हाथ उठा अब
"देखो मुझे" पुकारें हम,
क्यों इतने बेचारे हम?

क्रोध कर दमन,नीलकण्ठ मन,
मुख-मण्डल पर शांति विभा,
नग्न प्रदर्शन,है भौंडापन,
सीखो 'लज्जा' की प्रतिभा,
दहके भीतर ,हाथ भींचकर,
निर्जीवों पर मारें हम।
क्यों इतने बेचारे हम?

परंपरा,परिवार बेड़ियाँ,
संस्कार के हैं ताले,
"कब तक औंधा पड़ा,
इन्हीं का नाम जपेगा रस्साले!!"
आसमान की चाह में पिचके
गैस भरे ग़ुब्बारे हम,
क्यों इतने बेचारे हम।

चेहरा लटक पैर तक पहुँचा,
चाल अधमरी अनमन सी,
कही गंदगी पैठ गयी है,
'चोक' कर रही अड़चन सी,
'रूपक' एक बार जीना है
तोड़ेंगे दीवारें हम
क्या इतने बेचारे हम?

गुरुत्वाकर्षण कम है

लौटी न ललकार गुरुत्वाकर्षण कम है,
चिल्लाहट बेकार गुरुत्वाकर्षण कम है,

रूखा-रूखा बासी-बासी,
उतरी जैसे फोटो कॉपी,
अलसभोर का ख़्वाब
बहुत बूढा बेदम है,
लौटी न ललकार
गुरुत्वाकर्षण कम है।

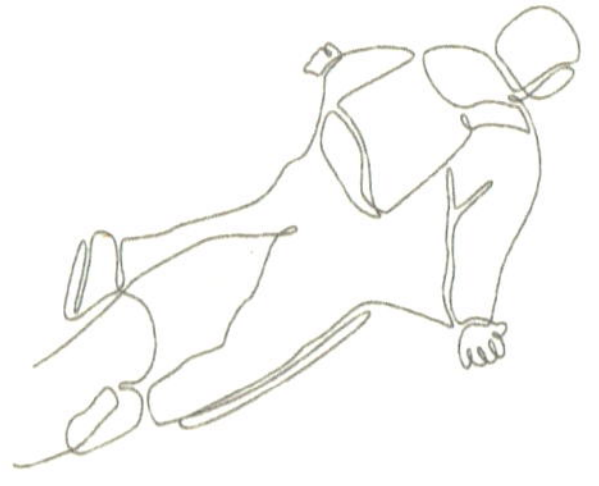

जब वो तुच्छ हुआ करता था,
कुछ न कुछ हुआ करता था,
बदहवास सा क्षितिज़ पकड्ने,
नंगे पाँव भगा करता था,
रूधिर बना तालाब,
गये शैवाल से जम हैं
लौटी न ललकार,
गुरुत्वाकर्षण कम है।

सुप्त बुलबुले स्वप्न,
गगन में लुप्त हो गये
अमल आज के आज,
त्वरित आश्वस्त हो गये;
हर दिन था जो खिन्न
हाथ उसके परचम है
लौटी न ललकार
गुरुत्वाकर्षण कम है।

क्या अलब्ध है स्वर्ग?
अलाभित श्रेयस्कर है?
या उपेक्षा मंत्र,
समालोचन उत्तर है,
'रुपक' तथ्य ,प्रमेय,
सूत्र ये सारे भ्रम हैं
लौटी न ललकार
गुरुत्वाकर्षण कम है।
चिल्लाहट बेकार
गुरुत्वाकर्षण कम है!

लौटी न ललकार गुरुत्वाकर्षण कम है,
चिल्लाहट बेकार गुरुत्वाकर्षण कम है,

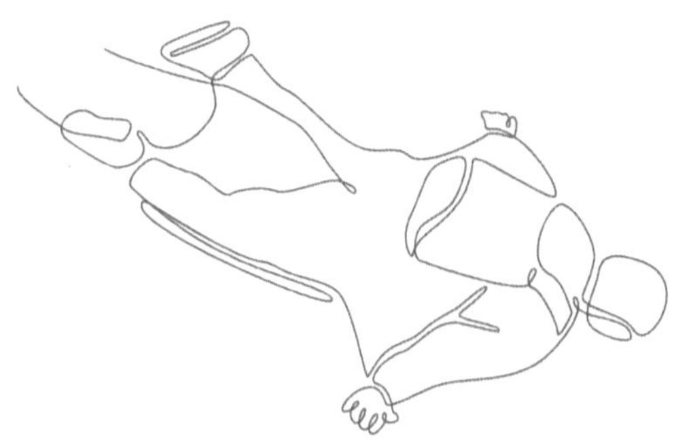

ऐसी भी क्या बात हो गई

ऐसी भी क्या बात हो गयी,
दिन डूबा तो रात हो गयी
ऐसी भी क्या बात हो गयी।

कभी-कभी दिन लंबे होते,
उमस भरे, लू भरे, अनमने;
कभी-कभी दिन छोटे होते,
टीस लिए, मदमयी गुनगुने।
रविकर-हिमकर की सन्धि में
दिन की बन्दरबांट हो गयी।
ऐसी भी क्या बात हो गयी,
दिन डूबा तो रात हो गयी
ऐसी भी क्या बात हो गयी।

कहते हैं यह समय नही था,
अस्त अचानक हो जाने का;
सही तरीका किसे पता है, तम
में ओझल हो जाने का ?
मेघ अचल से टकराया तो
लोचन से बरसात हो गयी।
ऐसी भी क्या बात हो गयी,
दिन डूबा तो रात हो गयी
ऐसी भी क्या बात हो गयी।

सुख के जिस एकांग मार्ग पर,
दिन की दूरी नाप रहे हो,
उस रस्से के एक पड़ाव पर,
खड़े-खड़े तुम कांप रहे हो;
खनक में जीवन की सनक,
नटों की करामात हो गयी।
ऐसी भी क्या बात हो गयी,
दिन डूबा तो रात हो गयी
ऐसी भी क्या बात हो गयी।

क्या होता जो दिन बढ़ जाता,
मेघ कहीं कोई अड़ जाता,
उल्लू चिढ़कर भौं सिकोड़ता,
चमगादड़ भी आंख दिखाता;
भेड़ों की भिड़दौड में मृग से,
कस्तूरी आज़ाद हो गयी।
ऐसी भी क्या बात हो गयी,
दिन डूबा तो रात हो गयी
ऐसी भी क्या बात हो गयी।

नीति-नियम विचारक सारे,
शतुरमुर्ग से गड़े हुए हैं,
दिन को पाठ पढ़ाने वाले,
कम्बल ओढ़े पड़े हुए हैं;
छोटे दिन की दमक में 'रूपक'
बड़े दिनों की आस सो गई।
ऐसी भी क्या बात हो गयी,
दिन डूबा तो रात हो गयी
ऐसी भी क्या बात हो गयी।

तरह-तरह का डाटा है

कितना अच्छा डाटा है,
कितना सुंदर डाटा है,
कई रंग में आता है,
कई ढंग में आता है,
आंखों को बहलाता है,
स्नायु सहलाता है,
बुद्धिजीव कहलाता है,
तरह-तरह का डाटा है।

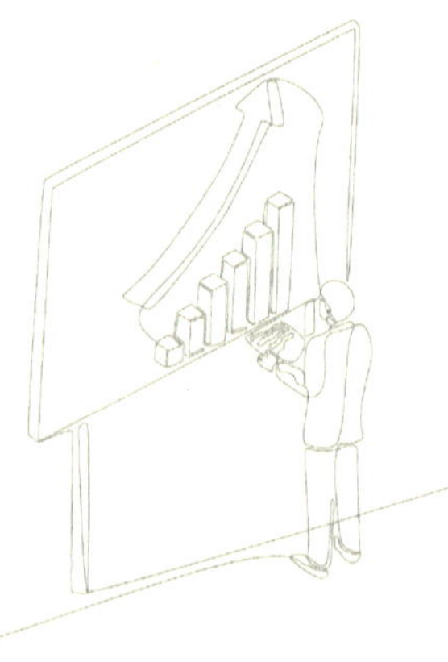

भूख लगे तो आटा लोगे,
या आटे का डाटा लोगे ?
ज्वर पकड़े तो पकड़ें बिस्तर,
या पकड़ें बिस्तर के नंबर ?
पाई-पाई जोड़ कमाई,
सारी दौलत चरण रखें,
या फिर बार-ग्राफ pie के,
अंकों को सर पर रखें ?
सांसे आना कम हों तो,
हवा-हवा में बात करें,
या दर-दर भटकें
साँसों का सौदा पूरा लाख
करें ?

कई पड़े थे बिस्तर में,
आधे चढ़े रजिस्टर में,
उसके आधे फाइल में,
और आधे मोबाइल में,
अब डिजिटल में रंगे हुए,
हर सोशल में सजे हुए,
भोलों को भरमाता है,
जाल छुपाए आता है,
रोज़ कबूतर खाता है,
तरह-तरह का डाटा है।

है यह युद्ध विचित्र बड़ा,
यहां चोटिल-घायल वीर नही,
अंतिम साँस लड़ेगा जिसकी,
आंख बहा एक नीर नही,
अनजाना अनभिज्ञ लड़ाका,
लिए रहेगा एक पताका,
रौंदा करे अंगूठों से वह,
जो न किसी ने माना डाटा।

गोल-गोल लंबे-लंबे,
कुछ-कुछ बिजली के खंभे,
कुछ हैं सुंदर टेबल में,
कुछ फोटो के लेबल में,
पढ़कर सर चकराता है,
बढ़ा-चढ़ाकर आता है,
मतलब बदला जाता है,
और युद्ध शुरू हो जाता है,
तरह-तरह का डाटा है।

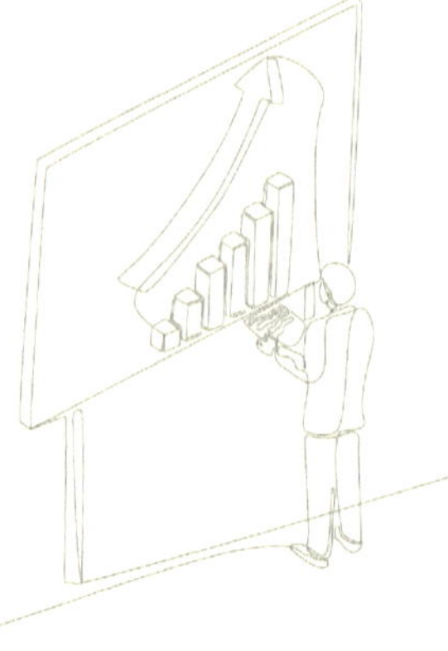

उछल रहा मानव तब से,
जब बंदर का भाई था,
ध्येय वही था, रूप बदलता,
हर एक सदी लड़ाई का,
कभी लड़ाई खाने की,
कभी ताज पा जाने की,
कभी धर्म अपनाने की,
कभी सूचना पाने की।
जिसका जितना डाटा है,
उसने उतना बांटा है,
न मानो तो बात बढ़े,
डाटा ले बारात चढ़े,
मान लिया तो चुभता है,
जिस दिन भी सच दिखता है।

अपना डाटा लेकर आ!
उस पर सच की मोहर लगा!
मोहर मिलेगी पर उनसे,
पंगा लेना है जिनसे,
अब बोलो क्या कहना है ?
अब भी रूठे रहना है ?
या मानोगे मेरा सच ?
ज़्यादा न अब बाल खुरच!

चल न तेरी न मेरी,
नेक काम में क्या देरी!
अपनी एक दुकान रहे,
बहसों के सामान रहें,
जिसकी जितनी हो बोली,
डाटा उसकी ही झोली,
वाणी अपनी पाषाणी,
सबने आंख मूंद मानी,
चार-दुकानें भटकेंगे,
फिर छत्ते पर लटकेंगे,

'रूपक' सबने बेचा है, कितना अच्छा डाटा है,
कितना सुंदर डाटा है, तरह-तरह का डाटा है।

आभार-पत्र

यदि आप पुस्तक के इस अंतिम पृष्ठ तक पहुँच गये हैं, तो यही उपयुक्त समय है एक रहस्य खोलने का, यह पुस्तक मेरी नहीं है। जी हाँ ! आपने सही पढ़ा, यह पुस्तक मेरी है ही नहीं, मैं तो ख़ुश था अपने मन में कभी-कभी अचानक उठ आये तीव्र भावों को शब्दों में उतारकर, और ऐसे ही एक रचना बन जाती तो उसे अपने ब्लॉग और सोशल मीडिया में पोस्ट कर दिया करता था।

यह तो कुछ प्रशंसक और शुभ चिंतक थे जो बार-बार बोलते "तुम्हें अपनी क़िताब लिखनी चाहिए।" और मेरा एक ही जवाब होता-"मैं तो शौक के लिए लिखता हूँ, इसे पेशा नहीं बनाना चाहता, वरना इसमें भी वही सब बातें आ जाएंगी जो पेशे में होती हैं: ईर्ष्या, द्वेष, प्रतिस्पर्धा, deadline, लक्ष्य ...और फिर जिस काम को खुशी के लिए करना है, उसमें भी तनाव आ जायेगा।"

किंतु अच्छा हुआ कि समय और परस्थितियों ने सोच बदली, एक दिन अचानक से मन बना लिया कि पुस्तक लिखी जाए, लेकिन यह काम इतना सरल भी न था, अब जब चार महीने के अथक प्रयास के बाद इस अंतिम पृष्ठ पर आ चुका हूँ तो उन सभी का आभारी हूँ जिन्होनें मुझे यह भगीरथ प्रयास सफल बनाने में सहयोग और प्रोत्साहन दिया।

पूजनीय **माँ** का आभार जिन्हें यह पुस्तक समर्पित है, काश कि पहली प्रति आपके चरणों में अर्पित कर पाता, या शायद यही नियति थी कि ऐसे ही मेरे हाथ से यह कार्य हो। परम आदरणीय **पिताजी** जो इस पुस्तक की प्रथम प्रति हाथ में लेंगे, यदि कॉलेज के समय में ही लिख देता तो शायद बोलते "यह सब करने से अच्छा पढ़ाई में ध्यान दो !" और फिर बाहर जाकर अपने मित्रों से इस पुस्तक की चर्चा कर मन ही मन खुश होते, अब क्या प्रतिक्रिया रहेगी वह तो पढ़ने के बाद ही पता चलेगी, पुस्तक के लेखन में कई बार अपनी जिम्मेदारी से बचा, रविवार को भी लैपटॉप के आगे बैठा रहा, जब उन्हें मेरी आवश्यकता थी तब उस समय को इस पुस्तक में लगाया, इसके लिए क्षमा प्रार्थी भी हूँ।

अगला आभार आदरणीय बड़ी बहन को है, जिन्हें मैं **दीदी** नही बोलता, नाम से बुलाता हूँ, उन्होंने कई बार कहा कि 'पुस्तक लिखो', चलिए आपके आशीर्वाद और प्रेरणा से यह भी अब हो रहा है। जिसके सहयोग और समर्थन के बिना यह काम असंभव था ऐसी धैर्य-मूर्ति **अर्धांगिनी** पुष्पलता को कोटिशः आभार, जिसने पिछले एक दशक से अधिक समय में मेरे अप्रत्याशित, अनिश्चित स्वभाव को शांतिपूर्वक झेला, लेखन के लिए पर्याप्त समय दिया, और इस पुस्तक के हर पृष्ठ को पढ़कर शोधन और संशोधन किया, घर के जो कार्य मुझे करने थे उन्हें भी आगे बढ़कर पूरा किया, और हर समय प्रोत्साहित किया, इन सब में उन मासूम **बच्चों** को भी भुलाया नहीं जा सकता जिनका समय भी उधार लेकर मैंने इस पुस्तक के कार्य में लगा दिया, शायद वह कभी भविष्य में अपने मित्रों को दिखा सकें कि उनके पापा ने यह पुस्तक लिखी है।

परिवार का सहयोग मिलना तो अपेक्षित है किन्तु उन सब मित्रों और शुभचिंतकों का भी आभार है जिन्होनें सदैव लिखते रहने, और पुस्तक लिखने के लिए प्रेरित किया, **आशीष** सर (गुरुदेव) ने एक अच्छे समालोचक की भूमिका निभायी और **हरजीत** सर (महागुरु) जो हिंदी में हाथ तंग होने की बात कहकर भी हमेशा 'लिखते रहो' कहकर प्रोत्साहित करते रहे। **रिचा** और **रितु** मैडम ने बार-बार ज़ोर देकर पुस्तक लिखने को कहा, और **अभिषेक** श्रीवास्तव सर जो खुद भी बहुत अच्छा लिखते हैं उन्होंने भी प्रोत्साहित किया। कुछ मित्र इतने प्रिय रहे कि कविता का विषय बन गए, इस पुस्तक की कविता 'मित्र' जिसे मैंने कुछ परिवर्तन के साथ लिखा है, मूल रूप से मेरे परम मित्र सिद्धार्थ (**सिद्धू**) के जन्मदिन पर लिखी थी, आज २० वर्ष बाद भी सिद्धू ने उस कविता को फ्रेम कराकर रखा है, **आकाश** गोयल के रूप में कॉलेज में एक ऐसा साथी मिला जिसके साथ खूब पागलपन किया, और साहित्य के साथ उटपटांग प्रयोग भी, बातों-बातों में हिंदी फ़िल्मी गाने की pardoy बना देने वाले प्रतिभा के धनी आकाश के साथ एक नाटिका में लेखन और अभिनय का भी मौका मिला और आज भी जब दिमाग में creativity का कीड़ा कुलबुलाता है आकाश से बात कर लेता हूँ, हमारी Wavelength match होती है। **विवेक** सेंगर से हमेशा ही अप्रतिम प्रशंसा मिली, वह कविता की प्रशंसा उतनी ही तल्लीनता से करता था जितनी शिददुत से कुछ न कुछ नया उद्यम करता रहता है, आजकल हमारी बात कम होती है लेकिन यकीन जानो, आभार प्रकट करते हुए तुम्हारा ध्यान इसलिए आया कि एक बार तुमने कहा था कि "रुपेश तुम कविता में ही कुछ बड़ा करोगे" बड़ा न सही लेकिन कुछ शुरू किया है, तो आशा है कि तुम्हारा फोन आएगा।

सहकर्मी और मित्रों **विजयलक्ष्मी, अभि, शैलेन्द्र, प्रवीण, सोहम, तन्मय, अशित (बाली), सुदीप, अंशुमान, अनीता, सोनिया, प्रभु दादा, शुभा, निरंजन, दिव्य, जीतू, अभिषेक, रजनीश, अमित , अरविन्द अक्की** को भी हार्दिक आभार है, जिन्होंने हमेशा लिखते रहने या पुस्तक लिखने के लिए प्रोत्साहित किया।

बहुत से स्वजन सोशल मिडिया पर मेरे पोस्ट पढ़कर मिलने पर बधाई भी देते हैं, आप सबकी शुभकामनाओं के लिए ऋणी हूँ, सबका नाम लिखने पर भी किसी न किसी का रह जायेगा, किन्तु विश्वास रखिये मैं सभी का आभारी हूँ, इस समय वही नाम याद आ पाए जिन्होंने मुखर होकर बार-बार पुस्तक प्रकाशन पर जोर दिया, या और भी अच्छा लिखने के लिए प्रेरणा दी। जैसा कि प्रस्तावना में भी लिखा है, यह आप सभी की कविताएं हैं, मैनें मात्र शब्दों में पिरो दिया, हर अनुभव आप से ही होकर गुज़रा होगा।

कोमल भावनात्मक छंद लिख देना एक बात होती है, किन्तु जब आपसे कोई यह कहे कि "तुम्हारी कविता अधिक लोगों तक पहुंचनी चाहिए।" तब असली मशक्कत शुरू होती है, यह काम आसान नही, कला और वाणिज्य में सांप-नेवले सा बैर है, कलाकार भावुक व्यक्ति होता है, व्यवसाय में कठोर निर्णय लेने पड़ते हैं, तारतम्य आसानी से बैठता नही।

मैंने भी अपने स्तर पर पिछले दो साल से सोशल मिडिया में बहुत कुछ प्रयास किये, डिज़ाइन और वीडियो बनाने से लेकर recording के गुर सीखे, editing सीखी, लेकिन अपनी रचना अधिक लोगों तक पहुँचाना टेढ़ी खीर ही साबित हुई। कभी-कभी लगता है कि गोस्वामी तुलसीदास, रहीमदास जी, कबीर जी, मीराबाई ने तो कोई मार्केटिंग नहीं की थी, फिर भी कई सौ सालों बाद भी पढ़े जाते हैं, यही दिलासा देकर पुस्तक लिखने का कार्य कई वर्षों तक टालता गया, लेकिन आज का समय भिन्न है, इन पुराने महाकवियों की मार्केटिंग थी 'जन-जन तक प्रचार' जिसे आज सोशल मिडिया के युग में '**viral**' होना कहते हैं, हर दिन लाखों पुस्तकें छप रही हैं, और भुलाई जा रही हैं, मेरा मानना है कि अंत में अच्छी रचनायें ही टिक सकती हैं, किन्तु उनका लोगों तक पहुंचना भी आवश्यक है।

इसलिए मैंने सहायता ली **Rolling Authors** के संस्थापक (लेखन और प्रकाशन सलाहकार) '**विशाल वेद**' से, विशाल उस आयु समूह में आता है जिसे मार्केटिंग की भाषा में हम 'gen Z' कहते हैं, यह हम 'millenials' के एक पीढ़ी बाद की generation है, जब पहली बार विशाल से संपर्क किया तो इस बात का भी एक संकोच था कि क्लिष्ट हिंदी को यह पीढ़ी शायद समझ ही न पाए, लेकिन अनुभव इतना अच्छा रहा कि आगे भी विशाल से सलाह लेता रहूंगा, खुद भी एक best-selling fiction author होने के कारण विशाल को प्रकाशन का बहुत अच्छा अनुभव है, और हर चरण में उसकी सलाह काम आयी, एडिटिंग और layout से लेकर पब्लिशिंग तक अद्भुत अनुभव रहा, विशाल ने ही मुझे **minimalist monk design studio** के designer **अब्दुल** से मिलवाया, और इस पुस्तक का आकर्षक cover page तैयार हो सका, अब्दुल ने बड़े धैर्य से मेरे ideas को समझा और हर बार उम्मीद से बेहतर कवर डिज़ाइन बनाकर मुझे स्तब्ध किया। मैं अपने publisher bluerose का भी आभार व्यक्त करना चाहूंगा, इस पुस्तक का अंतिम पृष्ठ लिखे जाने तक **Bluerose Publications** से बात शुरू हो चुकी है, और आशा है कि प्रकाशन, marketing और distribution में उनका सहयोग इस पुस्तक को अधिकाधिक लोगों तक पहुंचाने में सहायता करेगा।
पुस्तक का अंत एक कविता से ही करना सही रहेगा:

समर है अभीशेष,
ये शिखर का शंखनाद है;
हैं शब्द तीर विष-बुझे,
अधीर मन कमान है;
जो बुलबुले बुझाएंगे
न युद्ध जीत जायेंगे,
मुझे पता है हर ख़ता की
एक सज़ा विषाद है।

www.ingramcontent.com/pod-product-compliance
Lightning Source LLC
La Vergne TN
LVHW091104150826
845673LV00002B/718

* 9 7 8 9 3 5 6 2 8 1 1 9 6 *